设计+制作+装修+商业模板+PS+Dreamweaver 淘宝店铺装修

彭思媛 编著

清华大学出版社
北 京

内 容 简 介

本书是一本使用Photoshop进行淘宝店铺设计的经典教程，语言浅显易懂，将Photoshop中的知识点与精美的淘宝店铺设计案例相结合进行讲解，使读者能够快速掌握使用Photoshop对淘宝店铺进行设计的方法和技巧，在掌握Photoshop各方面知识点的同时，能够在淘宝店铺设计的基础上做到活学活用。

全书共9章，从基础的淘宝店铺设计与Photoshop讲起，以循序渐进的方式详细解读Photoshop的基本操作、修饰与修补、选区、调色、绘制图形、图层和蒙版等软件功能。本书还精心安排了众多具有针对性的操作案例，并提供视频教学，不仅可以帮助读者轻松掌握软件使用方法，更能够应对在淘宝店铺设计中所遇到的商品图像大小调整、商品修图、商品抠图、商品调色、商品图像艺术处理、商品图像合成处理以及店标与店招、商品图像广告、海报和店铺页面设计等实际需要。

另外，本书还提供了所有案例的源文件、素材、教学视频和PPT课件，方便读者借鉴和使用。

本书适合Photoshop初学者、从事淘宝店铺经营或者准备开淘宝店铺的朋友，以及设计爱好者阅读，也可以为一些淘宝美工人员，以及相关设计制作专业的学习者提供参考。

本书封面贴有清华大学出版社防伪标签，无标签者不得销售。
版权所有，侵权必究。举报：010-62782989，beiqinquan@tup.tsinghua.edu.cn。

图书在版编目（CIP）数据

设计+制作+装修+商业模板+PS+Dreamweaver淘宝店铺装修 / 彭思媛编著. —北京：清华大学出版社，2021.5

ISBN 978-7-302-57713-3

Ⅰ.①设… Ⅱ.①彭… Ⅲ.①电子商务—网站—设计 Ⅳ.①F713.361.2 ②TP393.092.2

中国版本图书馆CIP数据核字（2021）第050102号

责任编辑：	张　敏
封面设计：	杨玉兰
责任校对：	徐俊伟
责任印制：	沈　露

出版发行：清华大学出版社

网　　址：http://www.tup.com.cn，http://www.wqbook.com
地　　址：北京清华大学学研大厦A座　　邮　编：100084
社 总 机：010-62770175　　邮　购：010-83470235
投稿与读者服务：010-62776969，c-service@tup.tsinghua.edu.cn
质量反馈：010-62772015，zhiliang@tup.tsinghua.edu.cn

印 装 者：北京博海升彩色印刷有限公司
经　　销：全国新华书店
开　　本：185mm×260mm　　印　张：17　　字　数：423千字
版　　次：2021年7月第1版　　印　次：2021年7月第1次印刷
定　　价：99.00元

产品编号：089198-01

前 言
PREFACE

淘宝店铺与实体店铺一样,也是需要包装的。淘宝店铺的视觉设计现今已发展成为一种趋势,一家特色店铺必须有独特的店铺设计,才能够提高店铺的访问量和知名度。本书配以专业的图形处理软件 Photoshop 讲解,不仅介绍了 Photoshop 在图像处理各方面的功能,并且大幅度提升了实例的视觉效果和技术含量,在实例上更加突出针对性、实用性和剖析力度,对于商品图像处理、商品广告海报和网店页面设计等均有增强。

●●● 本书内容

本书共 9 章,从实用角度出发,全面、系统地讲解了 Photoshop 在淘宝店铺设计方面的所有应用功能,以及淘宝店铺设计的相关知识。本书在介绍软件功能的同时,还精心安排了多个具有针对性的淘宝店铺设计实例,帮助读者轻松掌握软件使用技巧和具体应用,做到学用结合。

第 1 章 淘宝店铺设计与 Photoshop,介绍了有关淘宝店铺设计的相关基础知识,使读者了解店铺设计的概念、重要性以及店铺设计的流程,并且对设计软件 Photoshop 有全面的认识和了解。

第 2 章 Photoshop 的基本操作,介绍 Photoshop 的基本操作方法,包括修改图像和画布大小、图像的变换操作和裁剪操作等,使读者熟练掌握 Photoshop 软件的基本操作。

第 3 章 店铺宝贝修图——修饰与修补,介绍 Photoshop 中的修饰与修补工具的使用方法,并通过图像修饰案例的制作使读者能够轻松掌握图像修饰与修补的操作方法和技巧。

第 4 章 商品抠图——选区,介绍在 Photoshop 中创建选区的多种方法,不同的选区创建方法主要针对不同的图像,从而使用户能够快速、准确地创建出所需要的选区。

第 5 章 商品图像的色彩——调色,介绍 Photoshop 中各种图像色彩调整命令的使用方法,并通过案例的制作,使读者能够轻松、便捷地对图像色彩进行调整。

第 6 章 图像艺术效果——绘制图形,介绍 Photoshop 中的颜色填充工具和命令、基本绘画工具、形状工具和钢笔工具的使用方法,并且通过案例的制作练习,使读者掌握使用绘画工具美化商品图像的方法和技巧。

第 7 章 图像合成——图层与蒙版,介绍 Photoshop 中图层与蒙版的功能,包括图层操作、图层属性设置、图层样式和图层蒙版的创建与编辑等，使读者轻松掌握图层与蒙版的核心功能。

第 8 章　宣传语——文字的使用，主要介绍商品图像设计中的文字处理相关知识，并且对 Photoshop 中的文字工具和相关功能进行了介绍，使读者能够使用 Photoshop 制作出各种表现形式的文字效果。

第 9 章　综合案例，对店铺设计中包含的店标、店招、直通车、钻展、海报和页面设计分别进行介绍，并通过多个案例的制作，使读者能够掌握不同图像设计表现方法。

资源包辅助学习

为了增加读者的学习渠道及学习兴趣，本书配有资源包。读者可扫描下方二维码获取本书中所有案例的相关源文件素材、教学视频和 PPT 课件，使读者可以跟着本书做出相应的效果，并能够快速应用于实际工作中。

源文件素材

教学视频 1

教学视频 2

PPT 课件

本书特点

本书通俗易懂、内容丰富、版式新颖、实用性很强，几乎涵盖了 Photoshop 淘宝店铺设计的各方面知识，将 Photoshop 软件操作方法与淘宝店铺设计的理论知识相结合，从而能够设计制作出更加出色的淘宝店铺设计作品。

本书主要针对设计专业学生和设计从业人员，从基础的淘宝店铺的相关基础知识开始讲起，然后针对淘宝店铺设计的应用讲解 Photoshop 软件相关的功能，系统阐述了 Photoshop 淘宝店铺设计的创意和实践方法，同时通过案例的制作练习，使读者能够学以致用。

由于本书编写时间较为仓促，书中难免有疏漏之处，敬请广大读者朋友批评、指正。

编者

目 录
CONTENTS

第 1 章　淘宝店铺设计与 Photoshop 001

- 1.1 了解淘宝店铺设计 001
  - 1.1.1 什么是淘宝店铺设计 001
  - 1.1.2 淘宝店铺设计的重要性 002
  - 1.1.3 淘宝店铺设计前的准备工作 002
- 1.2 淘宝店铺设计的一般流程 003
  - 1.2.1 首先需要有一个好的店铺名称 003
  - 1.2.2 确定店铺设计风格 003
  - 1.2.3 注重细节修饰 004
- 1.3 淘宝店铺设计需要注意的问题 004
- 1.4 图像类型与分辨率 005
  - 1.4.1 位图 005
  - 1.4.2 矢量图 006
  - 1.4.3 分辨率 006
- 1.5 认识淘宝店铺设计利器——Photoshop 007
  - 1.5.1 Photoshop 工作界面 007
  - 1.5.2 菜单栏 008
  - 1.5.3 选项栏 008
  - 1.5.4 工具箱 009
  - 1.5.5 文件窗口 010
  - 1.5.6 面板 011
- 1.6 图像编辑的辅助操作 012
  - 1.6.1 使用标尺 012
  - 1.6.2 使用参考线 013

	1.6.3	使用智能参考线	015
	1.6.4	使用网格	015
	1.6.5	使用对齐功能	016
1.7	本章小结		016

第 2 章 Photoshop 的基本操作 017

2.1 Photoshop 的基本操作 017
- 2.1.1 新建文件 017
- 2.1.2 打开文件 017
- 2.1.3 导入文件 019
- 2.1.4 置入文件 019
- 2.1.5 保存文件 021
- 2.1.6 关闭文件 022

2.2 在 Photoshop 中查看设计作品 022
- 2.2.1 3 种屏幕模式 022
- 2.2.2 旋转画布 023
- 2.2.3 使用"缩放工具" 024
- 2.2.4 使用"抓手工具"移动设计作品画面 024
- 2.2.5 使用"导航器"面板 026

2.3 调整图像和画布大小 027
- 2.3.1 调整图像大小 027
- 2.3.2 调整画布大小 028
- 2.3.3 旋转画布 029
- 2.3.4 显示/隐藏画布之外图像 029

2.4 图像变换操作 030
- 2.4.1 移动图像 030
- 2.4.2 自由变换图像 031
- 2.4.3 图像的缩放与旋转 031
- 2.4.4 图像的斜切操作 032
- 2.4.5 图像的扭曲操作 034
- 2.4.6 图像的透视操作 035
- 2.4.7 图像的变形操作 036

2.5 图像裁剪操作 037
- 2.5.1 认识"裁剪工具" 037

	2.5.2	校正倾斜图像	038
	2.5.3	裁切图像空白边	039
	2.5.4	裁剪并修齐扫描图像	039
	2.5.5	透视裁剪工具	040

2.6 还原与恢复操作 ... 041
- 2.6.1 还原和重做 ... 042
- 2.6.2 前进一步和后退一步 ... 042
- 2.6.3 恢复文件 ... 042

2.7 本章小结 ... 042

第3章 店铺宝贝修图——修饰与修补 ... 043

3.1 使用修补工具 ... 043
- 3.1.1 "仿制源"面板 ... 043
- 3.1.2 使用"仿制图章工具" ... 044
- 3.1.3 使用"图案图章工具" ... 045
- 3.1.4 使用"污点修复画笔工具" ... 046
- 3.1.5 使用"修复画笔工具" ... 048
- 3.1.6 使用"修补工具" ... 048
- 3.1.7 使用"内容感知移动工具" ... 049

3.2 使用擦除工具 ... 051
- 3.2.1 使用"橡皮擦工具" ... 051
- 3.2.2 使用"背景橡皮擦工具" ... 052
- 3.2.3 使用"魔术橡皮擦工具" ... 054

3.3 修饰与润色工具 ... 055
- 3.3.1 使用"模糊工具" ... 055
- 3.3.2 使用"锐化工具" ... 056
- 3.3.3 使用"涂抹工具" ... 057
- 3.3.4 使用"减淡工具"和"加深工具" ... 057
- 3.3.5 使用"海绵工具" ... 059

3.4 "历史记录"面板与工具 ... 059
- 3.4.1 "历史记录"面板 ... 060
- 3.4.2 使用"历史记录画笔工具" ... 060
- 3.4.3 使用"历史记录艺术画笔工具" ... 062

3.5 本章小结 ... 063

第 4 章 商品抠图——选区 064

4.1 创建选区的基本工具 064
- 4.1.1 矩形选框工具和椭圆选框工具 064
- 4.1.2 单行选框工具和单列选框工具 066

4.2 创建颜色范围选区 067
- 4.2.1 快速选择工具 067
- 4.2.2 魔棒工具 069

4.3 创建形状范围选区 070
- 4.3.1 套索工具 071
- 4.3.2 多边形套索工具 072
- 4.3.3 磁性套索工具 074

4.4 其他创建选区的方法 075
- 4.4.1 色彩范围 076
- 4.4.2 快速蒙版 078
- 4.4.3 调整边缘 079

4.5 选区的编辑操作 081
- 4.5.1 移动选区 081
- 4.5.2 修改选区 082
- 4.5.3 反向选区 084
- 4.5.4 扩大选取 085
- 4.5.5 选取相似 086
- 4.5.6 变换选区 086

4.6 选区图像的复制与粘贴 087
- 4.6.1 剪切、拷贝和合并拷贝 087
- 4.6.2 选择性粘贴 088

4.7 本章小结 090

第 5 章 商品图像的色彩——调色 091

5.1 自动调整商品图像 091
- 5.1.1 自动色调 091
- 5.1.2 自动对比度 092
- 5.1.3 自动颜色 093

5.2 图像色调的基本调整命令 093
- 5.2.1 亮度 / 对比度 093

5.2.2　曝光度 094
　　5.2.3　自然饱和度 096
　　5.2.4　色相/饱和度 096
　　5.2.5　色彩平衡 099
　　5.2.6　黑白 101
　　5.2.7　照片滤镜 102
　　5.2.8　通道混合器 104
　　5.2.9　渐变映射 105
　　5.2.10　可选颜色 107
　　5.2.11　阴影/高光 108
　　5.2.12　HDR 色调 110
　　5.2.13　变化 111
　　5.2.14　匹配颜色 113
　　5.2.15　替换颜色 114
　　5.2.16　去色 115
5.3　图像色调的特殊调整命令 116
　　5.3.1　反相 117
　　5.3.2　色调均化 117
　　5.3.3　色调分离 117
　　5.3.4　阈值 118
5.4　色阶 118
　　5.4.1　"色阶"对话框 118
　　5.4.2　色阶调整原理 119
5.5　曲线 124
　　5.5.1　曲线调整原理 124
　　5.5.2　曲线调整与色阶调整的区别 126
5.6　本章小结 130

第6章　图像艺术效果——绘制图形 131

6.1　填充与描边操作 131
　　6.1.1　使用"油漆桶工具" 131
　　6.1.2　使用"填充"命令 132
　　6.1.3　使用"描边"命令 134
　　6.1.4　渐变颜色填充 135

6.2 基本绘画工具 138
6.2.1 画笔工具和铅笔工具 138
6.2.2 颜色替换工具 138
6.2.3 预设画笔样式 139
6.2.4 认识"画笔"面板 142

6.3 使用形状工具 145
6.3.1 矩形工具 145
6.3.2 圆角矩形工具 145
6.3.3 椭圆工具 147
6.3.4 多边形工具 148
6.3.5 直线工具 150
6.3.6 自定形状工具 150

6.4 路径的创建与编辑 151
6.4.1 钢笔工具 151
6.4.2 "钢笔工具"的使用技巧 152
6.4.3 选择路径与锚点 154
6.4.4 添加和删除锚点 155
6.4.5 转换锚点 156
6.4.6 路径的填充和描边 156

6.5 本章小结 160

第 7 章 图像合成——图层与蒙版 161

7.1 认识 Photoshop 中的图层 161
7.1.1 认识"图层"面板 161
7.1.2 图层的基本操作 162
7.1.3 图层的"不透明度" 170
7.1.4 图层的"混合模式" 171

7.2 使用图层组管理图层 174
7.2.1 创建图层组 174
7.2.2 从所选图层创建图层组 174
7.2.3 将图层移入或移出图层组 175
7.2.4 取消图层组 175

7.3 应用图层样式 179
7.3.1 添加图层样式 180

目录

7.3.2 图层样式介绍	180
7.3.3 显示与隐藏图层样式	190
7.3.4 编辑图层样式	190
7.4 图层蒙版	192
7.4.1 创建图层蒙版	192
7.4.2 编辑图层蒙版	194
7.4.3 应用和删除图层蒙版	198
7.5 本章小结	199

第8章 宣传语——文字的使用 200

8.1 理解淘宝店铺设计文案	200
8.1.1 文案的内容	200
8.1.2 文案策划	200
8.2 如何在店铺广告中输入文字	201
8.2.1 认识 Photoshop 文字工具	201
8.2.2 输入点文字	202
8.2.3 输入段落文字	203
8.3 沿路径排列文字	204
8.3.1 创建沿路径排列文字	204
8.3.2 移动与翻转路径文字	205
8.3.3 编辑文字路径	206
8.4 变形文字	206
8.4.1 创建变形文字	206
8.4.2 重置变形与取消变形	209
8.5 店铺中的文字设计技巧	210
8.5.1 文字的图形化	210
8.5.2 文字的重叠	210
8.5.3 文字的整体性	210
8.5.4 让文字更易读	211
8.6 本章小结	216

第9章 综合案例 217

9.1 店标和店招设计	217
9.1.1 店标设计要求	217

9.1.2	设计户外运动网店店标	218
9.1.3	店招的设计表现类型	221
9.1.4	设计食品网店店招	222

9.2 直通车与钻展图像设计 226
- 9.2.1 什么是直通车 226
- 9.2.2 直通车图像的设计构图方式 227
- 9.2.3 设计护肤品直通车图像 228
- 9.2.4 什么是钻展 232
- 9.2.5 如何设计钻展图像 232
- 9.2.6 设计活动促销钻展图像 233

9.3 宣传海报设计 239
- 9.3.1 电商海报类型 239
- 9.3.2 设计化妆品宣传海报 240
- 9.3.3 设计新年促销活动宣传海报 244

9.4 网店页面设计 247
- 9.4.1 设计化妆品网店首页 247
- 9.4.2 使用Dreamweaver制作化妆品网店页面 254

9.5 本章小结 258

第 1 章　淘宝店铺设计与 Photoshop

电子商务经过十几年的发展已经逐渐成熟，并且已经发展出了自己的模式和风格。很多淘宝店铺个人店主也越来越重视店铺的风格设计和商品图像美化处理，精美的店铺设计能够有效提升店铺的品位，并且能够有效吸引消费者关注。在本章中，将向读者介绍有关淘宝店铺设计的相关基础知识，使读者了解店铺设计的概念、重要性以及店铺设计的流程，并且对店铺设计软件 Photoshop 有全面的认识和了解。

1.1　了解淘宝店铺设计

当消费者浏览到一个淘宝店铺时，留下的第一印象不是缤纷的商品、超低的价格，而是整个店铺的设计和风格。因此在不计其数的淘宝店铺中，要想让自己的店铺出类拔萃，就需要拥有出色的店铺设计。

1.1.1　什么是淘宝店铺设计

店铺设计可以理解为类似实体店铺的装修，店铺漂亮才能吸引顾客来购物甚至多次消费。网店设计可以起到一个品牌识别的作用，对于淘宝店铺来说，网店形象设计能够为店铺塑造完美的形象，加深消费者对企业的印象。

网店的设计可以让店铺变得更有附加值，更具有信任感，因为消费者只能通过网店中的文字和图像来了解店铺，了解产品，所以设计出色的网店能够增加买家的信任感，是提高产品附加值和店铺浏览量的重要手段，甚至还能对店铺品牌的树立起到关键作用。图 1-1 所示为设计出色的店铺页面效果。

图 1-1　精美的店铺页面设计

1.1.2 淘宝店铺设计的重要性

作为视觉动物，人的第一印象对其认知会产生相当大的影响。同样，逛街购物也是如此，设计出色并且独具特色的店铺使人们的购物心情更舒畅，顾客购买的欲望自然会更加强烈。如果店铺的装修毫无特点，货品堆放毫无秩序，消费者的购物欲也会大打折扣。

在网上开店，也要把门面装修得漂亮点，这样才能吸引消费者，如图1-2所示为设计精美的店铺页面效果。如果网店没有经过设计，空空荡荡的，那么也很难激起消费者购物的欲望，因此，网店设计就是为了让顾客在购物中感受到温暖的气息，从而增加销售额。网店设计对于商品销售的重要性主要表现在如下几个方面。

1．给人信任感

对于网店的商品，消费者都是通过网店页面来获取商品的相关信息，所以更需要在美观上下功夫，特别是新开的网店，需要对网店进行精心的设计，这样更容易吸引消费者并留住消费者，而且精心设计的店铺总是能够给人信任感。

2．有助于提升店铺形象

网店中的商品固然非常重要，但也绝对不能忽视设计。网店的设计如同实体店的装修，能够让消费者从视觉上和心理上感觉到店主对店铺的用心，并且能够最大限度地提升店铺的形象，有利于网店品牌的形成，提高浏览量。

图1-2 设计精美的店铺页面

3．提升购买概率

很多新开的店铺并不注重网店的设计，店铺中的商品分类混乱，商品描述也是简单的图像和文字，而图像和文字并没有经过艺术处理，这样的店铺会给人很糟糕的购物体验。经过精心设计的网店页面能够给消费者留下深刻的印象，大大增加消费者的购买概率。

4．增加消费者停留时间

好的网店设计会增加消费者在网店中的停留时间。漂亮、合适的网店设计，可以给消费者带来美感，使消费者在浏览网页时不疲劳，自然会更细心地浏览店铺中的商品。好的商品在诱人的修饰衬托下，更容易被消费者接受，有利于促成商品销售。

1.1.3 淘宝店铺设计前的准备工作

在对网店进行设计之前，需要做一些相应的准备工作。

1．准确定位

定位店铺的消费人群、消费市场是网店设计的大前提。只有对网店进行准确定位后才能有的放矢，设计出合适的店铺效果。

2．选择合适的风格

在对网店进行设计之前，需要确定网店的设计和表现风格，通过网店的设计风格烘托店铺的特色，突出店铺的活动、商品信息。

3．店铺风格统一

网店设计中风格不搭是大忌，除了需要考虑整体的色调及各版块之间的协调外，还要注意主次关系的突出，为了店铺提升销量而对网店进行设计，所以突出商品的表现才是重点。

4．合理使用图像

在网店设计过程中，要充分考虑到消费者的网速，尽量不要使用过多的图像，过多过大的图像往往会使访问速度变慢，影响消费者的购物体验，从而降低用户体验。

5．对商品进行合理的分类

对商品进行分类的目的是为了方便消费者快速找到需要的商品，过多的商品分类无法做到让消费者一目了然，而且会影响浏览速度。

1.2　淘宝店铺设计的一般流程

在淘宝网店正式开业之后，与传统店铺一样，为了能正常营业、吸引顾客，需要对店铺进行相应的设计，主要包括取一个好的店名、确定店铺设计风格、注重修饰细节等。

1.2.1　首先需要有一个好的店铺名称

网店取名也是很有学问的，一个有特色的店名不仅能给消费者留下深刻的印象，还能使消费者对店铺产生好感，促成交易并成为你的忠实客户。

网店店名会在一定程度上影响网店的访问量。为什么这么说呢？以淘宝网为例，淘宝网目前有搜索店铺、搜索宝贝的功能，所以说店名以易记为取名原则，以便消费者在搜索时尽快找到。

1.2.2　确定店铺设计风格

众所周知，开店，门面很重要；开网店，门面同样很重要，只不过这个门面如今变成了网店的页面。经过设计美化后的页面对商品销售同样有一定的辅助作用，不仅能让消费者注意到店里的产品，提高点击率，还可以极大地提高购买概率。

网店设计风格要与主营产品相符，针对不同的消费群体采用不同的设计风格。一般来说，插画风格、时尚可爱、桃心、花边等风格适合女性商品店铺，如图1-3所示；而黑白搭配、有金属感的设计风格更适合男性商品店铺，如图1-4所示；鲜艳的色彩、不规则边框、卡通手绘素材等则更适合儿童商品店铺，如图1-5所示。

> **提示**　网店的整体风格要一致，从店标的设计到页面的风格，再到产品介绍页面，应该采用同一色系，最好有同样的设计元素，使网店有整体感。

图 1-3　女性商品店铺设计　　　图 1-4　男性商品店铺设计　　　图 1-5　儿童商品店铺设计

1.2.3　注重细节修饰

虽然许多网店平台都会提供免费的模板，但是这远不能满足店主的需求。试想，千篇一律的网店页面如何能让你的店铺脱颖而出呢？因此，网店设计对于网店来说就显得相当重要了。图 1-6 所示为精美的淘宝店铺首屏设计。

图 1-6　精美的淘宝店铺首屏设计

1.3　淘宝店铺设计需要注意的问题

在网购火爆的今天，一个网店除了商品和价格外，店铺的门面也很重要。在现实生活中，很多消费者是被店铺精美的设计风格吸引而走进店铺的。为了招揽顾客，网店也同样需要进行精心的设计才能吸引眼球。

1. 清晰的思路

店铺的特色是什么？主营什么？目标群体是哪些？首先需要有一个明确的思路，这是最关键的问题。

2. 合适的时机

配合不同的季节、假日、店庆、新品推广等推出合适的网店页面设计风格，可以在视觉上给消费者带来新鲜感。

3. 风格与形式统一

网店的设计风格要统一，在选择分类栏、店铺公告、音乐、计数器等要素的时候要有整体考虑，千万不要一个网店页面中出现多种不同的风格。例如卖绿茶的网店，设计时可以选择绿色作为主色调，网店的风格以清爽简洁为主，能够给人一种清凉、自然的感觉，也比较符合网店的主营商品，相信消费者会更喜欢。

4. 合理的配色

除了风格，色彩的搭配也很重要，合理的色彩搭配不但可以提高消费者的购买力，同时也可以提高商品的水准。

5. 突出主次，切忌花哨

网店设计的美观漂亮，确实能够吸引更多消费者的眼球，但需要清楚一点，网店的设计不能抢了商品的风头，毕竟是为了卖商品而不是秀店铺，设计得太过于杂乱、花哨反而会影响商品的展示效果。

6. 注重用户体验

消费者进入网店后，店铺中的布局是否一目了然，如果消费者找了半天也找不到需要的商品，怎么能留住潜在的消费者呢？所以无论是网店中栏目的安排还是推荐商品的设置，每一处细节都要考虑到用户体验。

1.4 图像类型与分辨率

在计算机中，图像是以数字方式记录、处理和保存的。所以，图像也可以说是数字化图像。图像类型大致可以分为位图图像和矢量图像，这两种类型的图像各有优缺点，各自的优点恰好可以弥补对方的缺点。因此在绘图与图像处理的过程中，往往需要将这两种类型的图像交替运用，才能取长补短，使作品效果更加完美。

1.4.1 位图

位图图像是由许多点组成的，这些点被称为像素。当许多不同颜色的像素组合在一起后，便构成了一幅完整的图像。位图图像弥补了矢量图像的缺陷，它能够制作出颜色和色调变化丰富的图像，可以逼真地表现自然界的景观，同时也可以很容易地在不同软件之间交换文件，这就是位图图像的优点。位图的放大效果如图1-7所示。

图1-7　位图局部放大的显示效果

Photoshop 的主要功能是处理位图图像，使用它可以编辑和保存图像，也可以与其他矢量图形软件交换文件，而且可以打开矢量图像，甚至可以完成 3D 图像的生成和编辑。

1.4.2 矢量图

矢量图也称为面向对象的图像或绘图图像，在数学上定义为一系列曲线连续的点。Illustrator、CorelDRAW、AutoCAD 等软件都是以矢量图为基础进行制作的。矢量文件中以图形元素为对象，每个对象都具有颜色、形状、轮廓、大小和屏幕位置等属性。矢量图文件所占字节数较少，可以任意放大、缩小而不影响图像质量。图 1-8 所示为矢量图的局部放大效果。

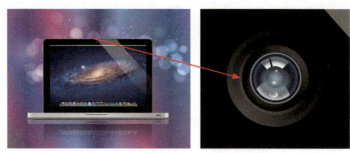

图 1-8　矢量图局部放大依然显示清晰

1.4.3 分辨率

分辨率是单位长度内的点、像素的数量。分辨率的高低直接影响位图图像的效果，分辨率太低会导致图像粗糙模糊，在排版打印时图像会变得非常模糊；而使用较高的分辨率则会增加文件的大小，并会降低图像的打印速度，所以掌握好像素的大小是非常重要的。出版印刷可以选择分辨率大于或等于 300dpi，色彩模式为 CMYK，文件存储为 TIF 格式。Web 分辨率可以小于或等于 72dpi，色彩模式为 RGB，文件存储为 JPG、GIF 或者 PNG 格式。

1. 图像分辨率

图像分辨率指每英寸图像含有多少个点或像素，分辨率的单位为点 / 英寸，英文缩写为 dpi。例如，72dpi 就表示该图像 1 英寸有 72 个点或像素。在 Photoshop 中也可以用厘米为单位计算分辨率。当然，不同的单位所计算出来的分辨率是不同的，用厘米计算比用英寸为单位计算出的"点 / 英寸"数值要小得多。

在数字化图像中，分辨率的大小直接影响图像的品质。分辨率越高，图像越清晰，所生成的文件也就越大，所以在制作图像时，不同品质的图像需要设置适当的分辨率，才能最经济有效地制作出作品。例如用于打印输出的图像，分辨率就要高一些；如果只是在屏幕上显示的作品，如多媒体图像或网页图像等，分辨率就可以低一些，以便计算机快速运行和处理图像。

2. 设备分辨率

设备分辨率指单位输出长度所代表的点数和像素。它与图像分辨率不同，图像分辨率可以更改，而设备分辨率不可以更改，如常见的计算机显示器、扫描仪和数码相机等设备，各自都有固定的分辨率。

3. 屏幕分辨率

屏幕分辨率又称为屏幕频率，是指打印灰度图像或分色所用的网屏上每英寸的点数。屏幕分辨率是用每英寸上有多少行测量的。

1.5 认识淘宝店铺设计利器——Photoshop

Photoshop 是一款图像编辑软件，主要用于处理位图图像，广泛应用于对图像、照片效果的处理制作，以及对其他软件中所制作的图像进行后期效果处理。从商品图像的处理到整个店铺的设计，Photoshop 都能够胜任，是一款功能全面的图像处理软件。本书以 Photoshop CS6 介绍其界面及其功能、操作方法。

1.5.1 Photoshop 工作界面

Photoshop 的工作界面主要由 6 部分组成，分别为菜单栏、选项栏、工具箱、状态栏、图像窗口和面板区域，如图 1-9 所示。

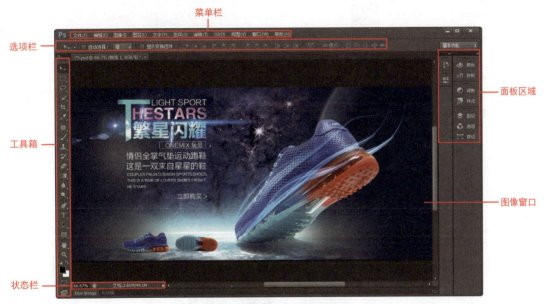

图 1-9　Photoshop 工作界面

菜单栏：Photoshop CS6 的菜单栏共有文件、编辑、图像、图层、文字、选择、滤镜、3D、视图、窗口和帮助 11 个菜单，包含了 Photoshop 中所有的操作命令。

选项栏：显示当前所选择工具的选项，不同的工具有不同的选项栏。在选项栏中可以设置相应工具的属性。

工具箱：工具箱中包含 Photoshop 中的所有操作工具，属性基本类似的相关工具被划分到一个工具组中。

状态栏：显示当前打开文件的相关信息，包括文件尺寸、文件大小、视图比例等。单击右侧的右三角按钮，在弹出菜单中可以选择显示内容。

图像窗口： 用来显示当前打开和编辑的图像文件，在其标题栏中显示文件的名称、格式、缩放比例以及颜色模式等信息。

面板区域： 汇集了编辑图像时常用的选项和相关属性参数。默认状态下，面板显示在操作窗口的右侧，用户可以按照自身的操作习惯调整面板的排列方式。

☆**技巧**☆ 如果需要隐藏工具箱、面板等选项，可以按键盘上的 Tab 键；如果只需要隐藏或显示面板区域，可以按快捷键 Shift+Tab。

1.5.2 菜单栏

在菜单栏中，按照不同的功能分为 11 个菜单。每个菜单中都包含不同的一系列的命令，这些命令按照不同的功能采用分割线进行分类。

单击菜单名称，即可打开该菜单列表，如图 1-10 所示。在菜单列表中，名称右侧带有右三角图标的菜单命令中还包含子菜单，如图 1-11 所示。

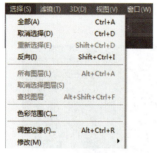

图 1-10 菜单列表

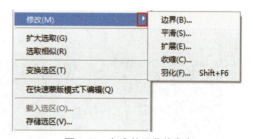

图 1-11 包含的子菜单命令

如果菜单命令名称后带有点标记，执行该命令后会弹出相对应的设置对话框，如图 1-12 所示。

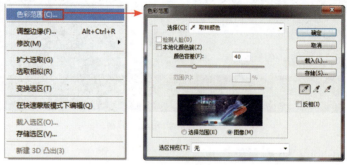

图 1-12 执行命令后弹出相对应的设置对话框

提示 ▶▶▶ 有些命令右侧显示有快捷键的字母组合，按该快捷键可以快速执行该命令。例如，执行"图像→调整→反相"命令，也可以直接按快捷键 Ctrl+I 执行该命令。

1.5.3 选项栏

在 Photoshop 中，选项栏中的选项会根据所使用的工具不同而发生变化。在工具箱中选择相应的工具后，都可以在该工具的"选项"栏中出现相应的设置选项，通过选项进行设置，可以更准确地对图像进行编辑操作。图1-13所示为"矩形选框工具"选项栏；图1-14所示为"裁剪工具"选项栏。

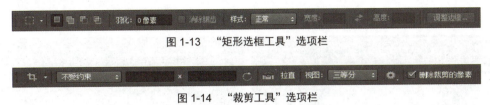

图1-13 "矩形选框工具"选项栏

图1-14 "裁剪工具"选项栏

1.5.4 工具箱

工具箱中提供了图像绘制和编辑的工具，使用工具箱中的各个工具可制作出各种不同的图像效果。在工具箱中，按照相关功能，将工具分为选择工具组、修饰工具组、绘图工具组、辅助工具组等，如图1-15所示。

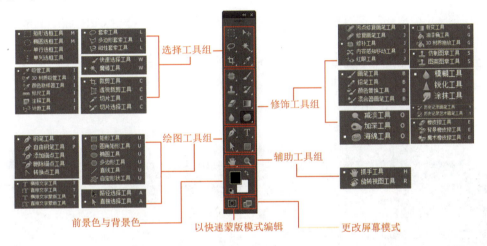

图1-15 工具箱

单击工具箱中的工具，即可选中相应工具，如图1-16所示。当工具图标右下角带有小三角图标时，表示存在隐藏的工具，按住鼠标可以展开隐藏的工具，然后即可选择相应工具，如图1-17所示。

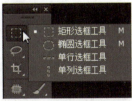

图1-16 选中相应工具　　图1-17 显示隐藏的工具

> **提示** ▶▶ 光标放置在某个工具上时，会在提示框中显示该工具的名称。某些工具提示框中还包含有关该工具的附加信息，如快捷键等。

☆**技巧**☆ 按住Shift键的同时按下工具的快捷键，则可以在本组工具中进行交替选择，也可以按住Alt键的同时单击工具图标，在该组中进行切换。

1.5.5 文件窗口

当在 Photoshop 中打开一张图像时，Photoshop 便会创建一个文件窗口，如果打开多张图像，则各个文件窗口会以选项卡的形式显示，如图 1-18 所示。在文件的名称上单击即可将其设置为当前操作的窗口，如图 1-19 所示。

图 1-18　以选项卡形式显示多个文件窗口　　　　图 1-19　切换当前操作的文件窗口

按快捷键 Ctrl+Tab，可以按照前后顺序切换文件窗口；按快捷键 Ctrl+Shift+Tab，可以以相反的顺序切换文件窗口。

单击并拖曳任意一个文件窗口的标题栏即可将其从选项卡中拖出，它便成为可以任意移动位置的浮动窗口，如图 1-20 所示。单击并拖曳浮动窗口的一个边角，可以调整该浮动窗口的大小，如图 1-21 所示。单击并拖曳浮动窗口至选项卡中，当出现蓝色横线时松开鼠标即可将该浮动窗口放到选项卡中，如图 1-22 所示。

图 1-20　将文件窗口拖出为浮动窗口　　　　　　图 1-21　调整浮动窗口的大小

图 1-22　将浮动窗口放回选项卡中

如果打开的图像数量较多，以至于选项卡中不能够全部显示出所有的文件窗口，这时可以单击其右侧的双箭头图标，在弹出菜单中选择需要的文件，如图 1-23 所示。在选项卡中单击并拖曳各个文件的名称可以调整其排列顺序，如图 1-24 所示。

图 1-23　选择需要查看的文件

图 1-24　调整文件窗口顺序

如果需要关闭单个文件窗口，可以单击文件窗口右上角的关闭图标，如图 1-25 所示。如果需要关闭所有的文件窗口，可以在任意一个文件的标题栏上右击，在弹出的快捷菜单中选择"关闭全部"选项，如图 1-26 所示。

图 1-25　关闭文件窗口

图 1-26　关闭全部文件窗口

1.5.6　面板

面板用于设置颜色、工具参数以及执行编辑命令，Photoshop 中包含了 20 多个面板，在"窗口"菜单中可以选择需要的面板将其打开。默认情况下，面板以选项卡的形式成组出现，显示在窗口的右侧，如图 1-27 所示，可根据需要打开、关闭或自由组合面板。

如果需要显示某个面板，在面板组中单击需要选择的面板，即可将该面板设置为当前面板，如图 1-28 所示。

单击面板组右上角的"折叠为图标"按钮，可将面板折叠为图标，如图 1-29 所示。单击一个图标即可显示相应的面板，如图 1-30 所示。

图 1-27　面板组　　图 1-28　单击面板名称显示面板　　图 1-29　将面板折叠为图标　　图 1-30　显示相应的面板

> **提示**　过多的面板会占用界面的许多空间，通过组合面板的方法将多个面板组合成一个面板组，可以增大工作空间。

1.6　图像编辑的辅助操作

在 Photoshop 中，辅助工具包括标尺、参考线、网格和注释工具等，这些工具不能用来编辑图像，但是却能够帮助我们更好地对图像进行精确的定位、选择或编辑等操作。

1.6.1　使用标尺

在 Photoshop 中，使用标尺工具可以用来测量图像或者用来确定图像及元素的位置，下面通过一个小案例介绍标尺的使用方法和技巧。

视频

> **实战：使用标尺**
> 源文件：无　　视频：视频\第 1 章\1-6-1.mp4

01 执行"文件→打开"命令，打开素材图像"源文件\第 1 章\素材\16101.jpg"，效果如图 1-31 所示。执行"视图→标尺"命令，或者按快捷键 Ctrl+R，在文件窗口的顶部和左侧显示标尺，如图 1-32 所示。

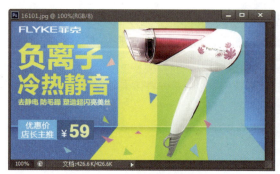 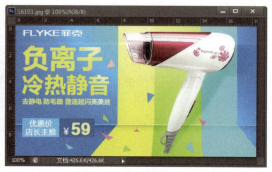

图 1-31　打开产品广告图像　　　　　　　　　图 1-32　显示文件标尺

02 默认情况下，标尺的原点位于窗口的左上角（0，0）标记处，将光标放置在原点上，单击并向右下方拖曳，图像上会出现十字线，如图1-33所示。拖至需要的位置松开鼠标，该处即成为原点的新位置，如图1-34所示。

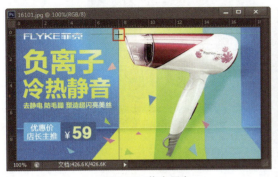

图1-33 拖曳原点

图1-34 设置标尺原点位置

☆**技巧**☆在定位标尺原点的过程中，按住Shift键可以使得标尺原点与标尺的刻度记号对齐；另外，标尺的原点也就是网格的原点，因此，当对标尺的原点进行调整之后，网格的原点也会随之改变。

03 如果要将原点恢复为默认的位置，在窗口的左上角双击即可，如图1-35所示。如果要修改标尺的测量单位，可以双击标尺，在弹出的"首选项"对话框中即可对其进行设置，还可以在标尺上右击，在弹出的快捷菜单中进行设置，如图1-36所示。

图1-35 恢复原点位置

图1-36 选择标尺单位

1.6.2 使用参考线

使用参考线可以帮助用户在对图像进行编辑、裁切以及缩放调整时能够更加方便和精确。

⬇ **实战：使用参考线**

源文件：无　　　　视频：视频\第1章\1-6-2.mp4

视频

01 执行"文件→打开"命令，打开素材图像"源文件\第1章\素材\16201.jpg"，按快捷键Ctrl+R，显示标尺，效果如图1-37所示。将光标放在水平标尺上，单击并向下拖曳即可拖出一条水平参考线，如图1-38所示。

图1-37 打开图像并显示标尺

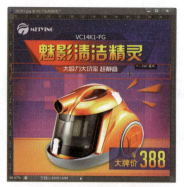
图1-38 拖出水平参考线

02 使用相同的方法,可以在垂直标尺上拖出一条垂直参考线,如图1-39所示。如果要移动参考线,可以使用"移动工具",将光标移至参考线上,当光标变为↔形状时,单击并拖曳即可移动该参考线,如图1-40所示。

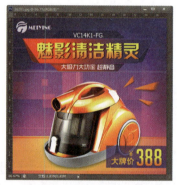
图1-39 拖出垂直参考线

图1-40 移动参考线

☆**技巧**☆ 如果在操作的过程中担心参考线会被移动,可以执行"视图→锁定参考线"命令,将其锁定在原来的位置上即可。

03 如果要删除参考线,将其拖回标尺上即可,如图1-41所示。如果要删除所有参考线,可以执行"视图→清除参考线"命令。

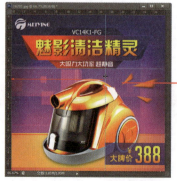
图1-41 删除参考线

04 如果要在精确的位置创建参考线，可以执行"视图→新建参考线"命令，在弹出的"新建参考线"对话框中对参考线的取向和位置进行设置，如图1-42所示。设置完成后，单击"确定"按钮，即可在精确的位置上创建参考线，如图1-43所示。

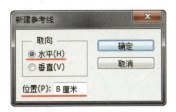

图1-42　"新建参考线"对话框　　　　　　　图1-43　在精确的位置上创建参考线

1.6.3　使用智能参考线

智能参考线是一种智能化的参考线，其仅在需要的时候出现。当使用移动工具对图像或元素进行移动操作时，通过智能参考线可以对齐形状、切片和选区。

执行"文件→打开"命令，打开素材图像"源文件\第1章\素材\16301.psd"，效果如图1-44所示。执行"视图→显示→智能参考线"命令，单击并拖曳设计稿中的产品图像时，可以看到显示的智能参考线，如图1-45所示。

图1-44　打开小家电广告图像　　　　　　　图1-45　拖曳元素显示智能参考线

1.6.4　使用网格

在Photoshop中进行操作时，网格对于对称的布置对象非常有用，下面介绍一下网格的使用方法。

打开一张图像，效果如图1-46所示。执行"视图→显示→网格"命令，即可显示网格，如图1-47所示。

显示网格后，可以执行"视图→对齐→网格"命令启用对齐功能，在之后进行创建选区或移动图像等操作时，对象将会自动对齐到网格上。

图 1-46　打开美容产品广告图像

图 1-47　显示网格

1.6.5　使用对齐功能

在 Photoshop 中，对齐功能有助于精确地放置选区、裁剪选框、切片、形状和路径。如果要使用对齐功能，需要先执行"视图→对齐"命令，使得该命令处于勾选状态，然后在"视图→对齐到"下拉菜单中选择相应的对齐项目即可，如图 1-48 所示。带✔标记的表示已经启用该对齐功能。

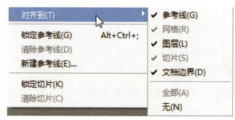

图 1-48　"对齐到"菜单命令

1.7　本章小结

淘宝店铺设计既有平面广告的特征，又具网页设计的特点，是一种综合性的艺术设计。在本章中向读者介绍了有关淘宝店铺设计的相关基础知识，使读者对淘宝店铺设计有一定的了解和认识，并且介绍了 Photoshop 的工作界面和辅助工具使用方法，为后面使用 Photoshop 进行商品图像美化和店铺页面设计打下基础。

第 2 章　Photoshop 的基本操作

Photoshop 是一款功能强大的图像处理及绘图软件，在使用 Photoshop 对商品图像进行处理之前，首先需要掌握 Photoshop 的基本操作。本章将向读者介绍 Photoshop 的基本操作方法，包括修改图像和画布大小、图像的变换操作和裁剪操作等，使读者能够熟练掌握 Photoshop 的基本操作。

2.1　Photoshop 的基本操作

在开始 Photoshop 各项功能的学习前，首先需要掌握 Photoshop 的基本操作，其中包括文件的新建、打开及保存等。

2.1.1　新建文件

在 Photoshop 中创作就像生活中的绘画一样，首先需要画纸。执行"文件→新建"命令，弹出"新建"对话框，如图 2-1 所示，在"新建"对话框中可以设置文件的名称、大小、分辨率、颜色模式和背景内容等。

完成"新建"对话框中各选项的设置之后，单击"确定"按钮，即可在 Photoshop 中新建一个空白文件，如图 2-2 所示。

图 2-1　"新建"对话框

图 2-2　新建空白文件

2.1.2　打开文件

在 Photoshop 中要编辑一个已有的图像文件，首先需要在 Photoshop 中打开该文件。打开文件的方法很多，可以使用命令，也可以使用快捷键，还可以直接将图像文件拖入软件界面。

接下来介绍几种常用的 Photoshop 打开文件方式。

1. 使用"打开"命令

执行"文件→打开"命令，弹出"打开"对话框，选择需要打开的图像文件，如图 2-3 所示。如果要同时打开多张图像，可按住 Ctrl 键分别单击，同时选中多个文件，单击"打开"按钮，即可在 Photoshop 中打开所选择的图像文件，如图 2-4 所示。

图 2-3　选择需要打开的图像文件　　　　　图 2-4　在 Photoshop 中打开图像文件

☆**技巧**☆按快捷键 Ctrl+O，或者直接在 Photoshop 窗口灰色位置双击，都可以弹出"打开"对话框，完成图像文件的打开操作。

2. 使用"打开为"命令

在 Mac OS 与 Windows 系统之间传递文件时可能导致文件格式出错，此外，如果使用与文件的实际格式不匹配的扩展名存储文件，或者文件没有扩展名，Photoshop 将无法正确识别文件格式。在这种情况下，可以执行"文件→打开为"命令，如图 2-5 所示。弹出"打开为"对话框，选择需要打开的图像文件，并在"打开为"列表中为其指定正确的格式，如图 2-6 所示。

图 2-5　执行"打开为"命令　　　　　图 2-6　"打开为"对话框

单击"打开"按钮，即可在 Photoshop 中打开选择的图像文件。如果文件不能打开，则选取的格式可能与文件的实际格式不匹配，或者文件已经损坏。

3. 使用快捷方式打开文件

将一个图像文件的图标拖曳到 Photoshop 应用程序图标上，可以运行 Photoshop 并打开该图像文件，如图 2-7 所示。如果已经运行了 Photoshop，则可以将图像文件直接拖入到 Photoshop 软件界面中打开，如图 2-8 所示。

图 2-7　将图像文件拖至 Photoshop 应用程序图标上　　　图 2-8　将图像文件拖至 Photoshop 软件界面中

4．作为智能对象打开

智能对象相当于一个嵌入到当前文件中的文件，它可以保持文件的原始数据，进行非破坏性的操作。

执行"文件→打开为智能对象"命令，弹出"打开为智能对象"对话框，如图 2-9 所示。选择需要打开的图像文件，单击"打开"按钮，即可在 Photoshop 中打开该图像文件，并且将该图像文件转换为智能对象，如图 2-10 所示。

图 2-9　"打开为智能对象"对话框　　　　　图 2-10　打开图像文件并自动转换为智能对象

2.1.3　导入文件

在 Photoshop 中可以通过"导入"命令将外部文件合并在一起，"导入"命令可以将视频帧、注释和 WIA 支持等内容导入打开的文件中。

如果计算机配置有扫描仪并安装了相关的软件，则可在"导入"下拉菜单中选择扫描仪的名称，使用扫描仪扫描图像，并将图像保存，然后再在 Photoshop 中打开。

某些数码相机使用"Windows 图像采集"（WIA）导入图像，将数码相机连接到计算机，然后执行"文件→导入→ WIA 支持"命令，可以将照片导入 Photoshop。

2.1.4　置入文件

"置入"命令和"导入"命令功能相似，可以通过该命令将外部文件合并在一起，"置入"命令可以将照片、图像或者 EPS、AI、PDF 等矢量格式的文件作为智能对象置入 Photoshop 文件中。

> **提示** "导入"命令可以简单理解为用于外部设备,例如扫描仪、数码相机等。"置入"命令是针对其他软件做的文件或图像文件格式。

视频

实战:打开并置入商品图像

源文件:源文件\第 2 章\2-1-4.mp4   视频:视频\第 2 章\2-1-4.mp4

01 执行"文件→打开"命令,弹出"打开"对话框,选择素材文件"源文件\第 2 章\素材\21401.psd",如图 2-11 所示。单击"打开"按钮,在 Photoshop 中打开该素材文件,效果如图 2-12 所示。

图 2-11 选择需要打开的文件

图 2-12 素材效果

02 执行"文件→置入"命令,弹出"置入"对话框,选择需要置入的素材"源文件\第 2 章\素材\21402.png",如图 2-13 所示。单击"置入"按钮,即可将所选择的素材置入文件中,如图 2-14 所示。

图 2-13 选择需要置入的文件

图 2-14 置入素材文件

03 拖曳置入的素材至合适的位置,将光标移至置入素材的控制点上,按住 Shift 键的同时单击并拖曳鼠标,等比例缩放素材图像至合适的大小,如图 2-15 所示。按 Enter 键确认素材图像的置入,最终效果如图 2-16 所示。

> **提示** 对图像的缩放以及其他变换操作将在第 2.4 节中详细介绍。

图 2-15　缩放素材图像

图 2-16　确认素材置入操作

●●● 2.1.5　保存文件

新建文件或对文件进行处理后，需要及时保存处理结果，以免因断电或者死机造成不必要的损失。

1．使用"存储"命令

需要保存正在编辑的文件，可以执行"文件→存储"命令，或者按快捷键 **Ctrl+S**，对文件进行保存，图像会按照原有的格式存储；如果是尚未保存的文件，则会自动弹出"存储为"对话框。

2．使用"存储为"命令

如果要将文件保存为新的名称和其他格式，或者存储到其他位置，可以执行"文件→存储为"命令，或者按快捷键 **Shift+Ctrl+S**，弹出"存储为"对话框，在该对话框中可以选择文件的存储位置并设置保存的文件名称，如图 2-17 所示。

3．文件保存格式

文件的格式决定了图像数据的存储方式（像素或者矢量）、压缩方式以及支持什么样的 **Photoshop** 功能和文件是否与一些应用程序兼容。使用"存储"或者"存储为"命令对文件进行保存时，都可以在弹出的对话框中对文件的格式进行选择，如图 2-18 所示。

图 2-17　"存储为"对话框

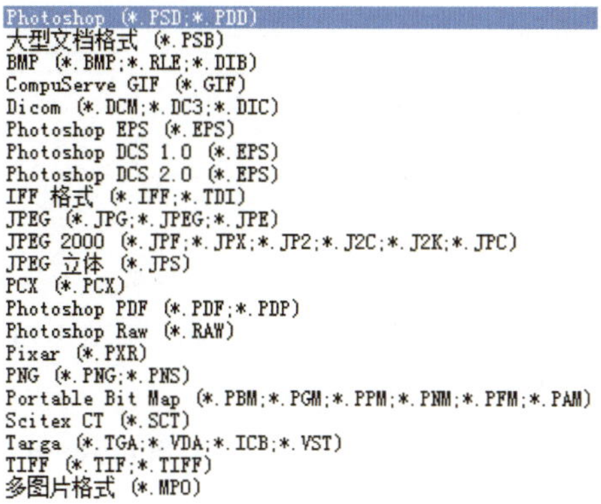

图 2-18　文件格式列表

2.1.6 关闭文件

完成图像的编辑操作后，可以使用以下方法来关闭文件。

1. 关闭当前文件

执行"文件→关闭"命令，或者按快捷键 Ctrl+W，以及单击文件窗口右上角的"关闭"按钮 ，都可以关闭当前的图像文件，如图 2-19 所示。

2. 关闭全部文件

如果要关闭 Photoshop 中打开的多个文件，可以执行"文件→关闭全部"命令，关闭所有文件。

3. 退出程序

执行"文件→退出"命令，或者单击程序窗口右上角的"关闭"按钮 ，如图 2-20 所示。可以关闭文件，并退出 Photoshop，如果有文件没有进行保存，Photoshop 会自动弹出对话框，询问是否保存文件。

图 2-19 关闭单个图像文件

图 2-20 关闭并退出 Photoshop

☆**技巧**☆除了使用上述方法关闭图像文件外，还可以使用快捷键关闭图像文件。按快捷键 Ctrl+W，可以关闭当前文件；按快捷键 Alt+Ctrl+W，可以关闭在 Photoshop 中打开的所有文件；按快捷键 Ctrl+Q，可以关闭所有文件并退出 Photoshop。

2.2 在 Photoshop 中查看设计作品

对图像编辑的第一步就是要打开图像进行浏览。Photoshop 提供了很多查看图像的方法，接下来将依次进行介绍。

2.2.1 3 种屏幕模式

在 Photoshop 中提供了 3 种不同的屏幕模式，执行"视图→屏幕模式"命令，在其子菜单中提供了 3 种屏幕模式可供选择，如图 2-21 所示，默认情况下，采用"标准屏幕模式"，效果如图 2-22 所示。

带有菜单栏的全屏模式：在 Photoshop 中显示有菜单栏和 50% 灰色背景，无标题栏和滚动条的全屏窗口，如图 2-23 所示。

图 2-21　3 种屏幕模式　　　　　　　　　　图 2-22　标准屏幕模式

全屏模式：显示只有黑色背景，无标题栏、菜单栏和滚动条的全屏窗口，如图 2-24 所示。

图 2-23　带有菜单栏的全屏模式　　　　　　图 2-24　全屏模式

☆**技巧**☆ 在 Photoshop 中按快捷键 F，可以在这 3 种屏幕模式之间进行切换。

2.2.2　旋转画布

在 Photoshop 中对图像进行编辑、修饰操作时，可以使用"旋转视图工具"对画布进行相应的旋转操作，从而编辑起来更加轻松、方便。在该工具的"选项"栏中可以对相关选项进行设置，如图 2-25 所示。

图 2-25　"旋转视图工具"选项栏

> **实战：旋转画布**
>
> 源文件：无　　视频：视频 \ 第 2 章 \ 2-2-2.mp4

视频

01 执行"文件→打开"命令，打开素材图像"源文件 \ 第 2 章 \ 素材 \22201.jpg"，效果如图 2-26 所示。单击工具箱中的"旋转视图工具"按钮，在画布中按住鼠标左键不放，会出现一个罗盘指针，红色指针指向北方，如图 2-27 所示。

02 按住鼠标左键不放随意拖曳即可旋转画布，如图 2-28 所示。也可执行"图像→图像旋转→任意角度"命令，弹出"旋转画布"对话框，设置如图 2-29 所示。

图 2-26　打开自行车产品广告图像

图 2-27　在图像中显示罗盘指针

图 2-28　旋转画布

图 2-29　"旋转画布"对话框

03 单击"确定"按钮，完成"旋转画布"对话框的设置，图像将按照所设置的角度进行旋转，效果如图 2-30 所示。

> **提示** ▶▶ 使用"旋转视图工具"需要计算机中的显卡支持 OpenGL 加速功能。使用"旋转视图工具"可以在不破坏图像的情况下按照任意角度旋转画布，而图像本身并没有旋转。如果要旋转图像，则可以执行"图像→图像旋转"菜单中的命令。

图 2-30　旋转画布效果

2.2.3　使用"缩放工具"

单击工具箱中的"缩放工具"按钮，在图像上单击可以调整图像的显示比例，在该工具的选项栏中可以对相关选项进行设置，如图 2-31 所示。

图 2-31　"缩放工具"选项栏

2.2.4　使用"抓手工具"移动设计作品画面

当图像的尺寸过大或者由于放大图像的显示比例而不能查看完整的图像时，可以使用"抓手工具"在图像上单击移动图像，以此查看图像的不同区域，也可以用来缩放窗口。

图 2-32 所示为"抓手工具"选项栏。如果在 Photoshop 中同时打开了多个文件窗口，选

中"滚动所有窗口"复选框，移动画布操作将用于所有不能完整显示图像的文件窗口。选项栏上的其他选项与"缩放工具"相同。

图2-32 "抓手工具"选项栏

> **实战：调整设计作品显示比例**
> 源文件：无　　　视频：视频\第2章\2-2-4.mp4

视频

01 执行"文件→打开"命令，打开素材图像"源文件\第2章\素材\22401.jpg"，效果如图2-33所示。使用"缩放工具"，将光标移至画布中，此时光标会变成🔍状，在画布中单击则会放大图像的显示比例，效果如图2-34所示。

图2-33　打开促销广告图像

图2-34　放大图像显示比例

02 按住Alt键不放，光标会变成🔍状，此时，在画布中单击即可缩小图像的显示比例，图像效果如图2-35所示。在选项栏上选中"细微缩放"复选框，在图像上单击并向右拖曳则会以平滑的方式快速放大图像，效果如图2-36所示。

图2-35　缩小图像显示比例

图2-36　平滑方式放大图像

03 在图像上单击并向左侧拖曳则会以平滑的方式快速缩小图像，效果如图2-37所示。当图像放大超出文件窗口的显示范围时，可以使用"抓手工具"在图像上按住鼠标左键拖曳，查看图像的不同区域，如图2-38所示。

04 按住H键单击左键不放，文件窗口则会显示全部图像并出现一个矩形框，将矩形框定位在相应的位置，如图2-39所示。松开鼠标和H键，则可以快速放大图像并转到这一区域，效果如图2-40所示。

图2-37 以平滑方式缩小图像

图2-38 拖曳查看图像的不同区域

图2-39 定位矩形框位置

图2-40 在文件窗口中只显示矩形框中的图像效果

☆**技巧**☆ 使用"抓手工具"时，按住 Alt 键单击即可缩小图像，按住 Ctrl 键单击则可以放大图像。使用绝大多数工具时，按住键盘上的空格键不放，便可临时切换到"抓手工具"，释放空格键，则返回原使用工具。

2.2.5 使用"导航器"面板

执行"窗口→导航器"命令，打开"导航器"面板，如图2-41所示。

该面板中含有图像的缩览图和多种窗口缩放工具，如果图像的尺寸过大，使得画面中不能完整地显示图像，则可以通过该面板更加方便、快捷地定位图像的查看区域。

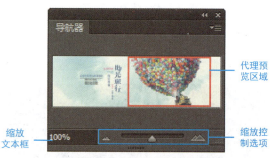
图2-41 "导航器"面板

当文件窗口不能完整地显示图像时，可以将光标移至代理预览区域，当光标变为 状时，单击并拖曳可以移动图像，并且代理区域内的图像位于文件窗口的中心位置，效果如图2-42所示。

图2-42 通过代理预览区域调整文件窗口中的显示内容

☆**技巧**☆ 使用除"缩放工具"和"抓手工具"以外的其他工具时，按住键盘上的 Alt 键不放并滚动鼠标滚轮也可以缩放文件窗口。

2.3 调整图像和画布大小

由于图像的应用各有不同，所以常常需要调整图像以及画布的尺寸。在修改图像大小时，要注意像素大小、文件大小以及分辨率的设置。

2.3.1 调整图像大小

如果要修改图像的像素大小、分辨率和打印尺寸，可以执行"图像→图像大小"命令，弹出"图像大小"对话框，如图 2-43 所示，通过输入数值达到调整图像大小的目的。

提示 ▶▶ 修改图像的像素大小不但会影响图像在屏幕上的视觉效果，还会影响图像的质量及其打印特性，同时也决定了其占用的存储空间。

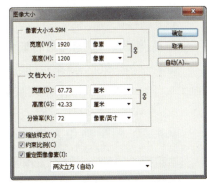

图 2-43 "图像大小"对话框

⬇ **实战：调整商品图像尺寸大小**

源文件：源文件\第 2 章\2-3-1.jpg　　视频：视频\第 2 章\2-3-1.mp4

视频

01 执行"文件→打开"命令，打开商品图像"源文件\第 2 章\素材\23101.jpg"，效果如图 2-44 所示。执行"图像→图像大小"命令，弹出"图像大小"对话框，可以看到该图像的原始尺寸，如图 2-45 所示。

图 2-44 打开女包商品图像

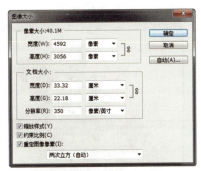

图 2-45 图像原始尺寸

02 因为该商品图像最终是需要发布在淘宝店铺中，选中"重定图像像素"复选框，将"分辨率"设置为 72 像素/英寸，如图 2-46 所示。可以看到在"像素大小"选项区中，图像的"宽度"和"高度"会自动进行调整。

03 设置完成后，单击"确定"按钮，可以看到图像的效果，如图 2-47 所示。修改后的图像虽然变小了，但是画面的质量没有变化。

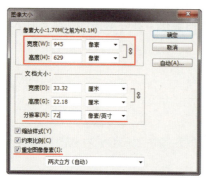
图 2-46 设置图像分辨率和像素大小

图 2-47 调整大小后的商品图像

◎ **疑问解答** 是否可以将低分辨率图像转换为高分辨率图像？

如果一个图像的分辨率较低且画面模糊，若想通过增加分辨率让其变得清晰是不可行的。这是因为，Photoshop 只能在原始数据的基础上进行修改，但是却无法生成新的原始数据。

2.3.2 调整画布大小

画布指的是整个文件的工作区域，在实际的操作中，常常会根据需要调整画布的尺寸。执行"图像→画布大小"命令，即可弹出"画布大小"对话框，在该对话框中对相关选项进行设置，单击"确定"按钮，即可调整文件的画布大小。

视频

> **实战：为商品图像添加纯色边框**

源文件：源文件\第 2 章\2-3-2.jpg　　视频：视频\第 2 章\2-3-2.mp4

01 执行"文件→打开"命令，打开商品图像"源文件\第 2 章\素材\23201.jpg"，效果如图 2-48 所示。执行"图像→画布大小"命令，弹出"画布大小"对话框，可以看到当前文件的画布大小，如图 2-49 所示。

图 2-48 打开毛绒玩具商品图像

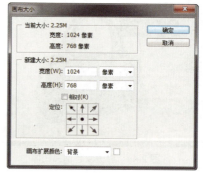
图 2-49 "画布大小"对话框

02 选中"相对"复选框，设置"宽度"和"高度"各扩大 30 像素，单击"画布扩展颜色"选项后的色块，在弹出的"拾色器"对话框中设置颜色为 RGB（155，60，20），如图 2-50 所示。单击"确定"按钮，完成"画布大小"对话框的设置，可以看到通过扩展画布为图像添加纯色边框效果，如图 2-51 所示。

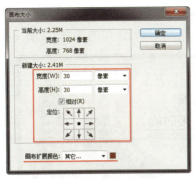
图 2-50 设置画布扩展颜色

图 2-51 为图像添加纯色边框效果

2.3.3 旋转画布

如果要对图像执行旋转操作，可以执行"图像→图像旋转"命令，执行相应的旋转命令完成对图像的旋转操作，如图 2-52 所示，执行"任意角度"命令，弹出"旋转画布"对话框，设置如图 2-53 所示，单击"确定"按钮，图像效果如图 2-54 所示。

图 2-52 执行"图像旋转"菜单命令　　图 2-53 "旋转画布"对话框　　图 2-54 旋转画布效果

> **提示**　"图像旋转"命令适用于整个图像，不适用于单个图层或图像的一部分、路径及选区。

执行"水平翻转画布"和"垂直翻转画布"命令可以将图像水平或者垂直翻转，效果如图 2-55 所示。

原图

水平翻转

垂直翻转

图 2-55 水平翻转画布和垂直翻转画布的效果

2.3.4 显示/隐藏画布之外图像

当将一个较大的图像拖入一个较小的文件中后，图像中一些位于画布之外的内容便无法显示，如图2-56所示。如果想查看全部的图像内容，可以执行"图像→显示全部"命令，Photoshop会通过判断图像中像素的位置自动扩大画布，从而显示完整的图像，如图2-57所示。

图2-56　画布窗口之外无法显示

图2-57　查看图像全部内容

2.4　图像变换操作

除了可以对图像执行旋转操作外，还可以通过执行"编辑→变换"命令，如图2-58所示，对图像进行变换操作。"变换"命令可以将变换应用于整个图层、单个图层、多个图层或图层蒙版中，但不能应用到只有"背景"图层的图像，如图2-59所示。

图2-58　执行"变换"命令菜单

图2-59　选择需要应用"变换"命令的图层

执行"变换"命令后，图像上会出现定界框、中心点和控制点，如图2-60所示。

定界框显示的是要执行变换的图像范围；中心点默认位于图像的中心，它用于定义对象的变换中心，可以拖曳它移动图像变换操作的中心位置；拖曳控制点可以进行缩放、旋转等变换操作。

2.4.1　移动图像

在"图层"面板中选择要移动的对象所在图层，如图2-61所示。使用"移动工具"在画布中单击并拖曳鼠标即可移动对象，如图2-62所示，如果创建了选区则可移动选区内的图像。

使用"移动工具"，选项栏上显示与其相关的选项内容，如图2-63所示。

图2-60　显示变换框

图 2-61 选择移动对象所在图层

图 2-62 移动对象

图 2-63 "移动工具"选项栏

2.4.2 自由变换图像

选择需要应用变换操作的图层,执行"编辑→自由变换"命令,或按快捷键 **Ctrl+T**,显示自由变换框,可以任意调整图像的大小和角度。执行"自由变换"命令后,在选项栏中显示自由变换工具的相关设置选项,如图 2-64 所示。

图 2-64 "自由变换"选项栏

2.4.3 图像的缩放与旋转

在进行商品拍摄时,经常会因为拍摄角度问题导致商品产生倾斜,网店卖家可以通过旋转图像的方法调整商品的角度,将倾斜的商品纠正。

> **实战:商品图像的缩放与旋转操作**
> 源文件:源文件 \ 第 2 章 \ 2-4-3.psd   视频:视频 \ 第 2 章 \ 2-4-3.mp4

视频

01 执行"文件→打开"命令,打开商品图像"源文件 \ 第 2 章 \ 素材 \24301.jpg",效果如图 2-65 所示。复制"背景"图层,得到"背景 副本"图层,隐藏"背景"图层,如图 2-66 所示。

图 2-65 打开小家电商品图像

图 2-66 得到"背景 副本"图层

02 执行"编辑→变换→水平翻转"命令,将该图层中的图像进行水平翻转操作,如图 2-67 所示。执行"编辑→自由变换"命令或按快捷键 **Ctrl+T**,显示定界框,如图 2-68 所示。

图 2-67　水平翻转图像　　　　　　　　　图 2-68　显示定界框

03 将光标放置在定界框外任意一个控制点外侧,光标会变成↻状,单击并拖曳即可旋转图像,如图 2-69 所示。将光标放置在定界框四周的控制点上,光标会变成↖↘状,按住 Shift 键单击并拖曳对图像进行等比例缩放操作,如图 2-70 所示。

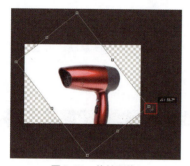

图 2-69　旋转图像　　　　　　　　　图 2-70　等比例缩放图像

04 单击选项栏上的"提交变换"按钮或按 Enter 键,确认对图像的变换操作,打开"图层"面板,在"背景"图层上方新建"图层 1",为该图层填充白色,完成该商品图像的调整,如图 2-71 所示。

图 2-71　完成商品图像的调整

2.4.4　图像的斜切操作

在处理商品图像时,有时商品画面过于单调,显得商品效果不真实,可以通过 Photoshop 中的"斜切"命令对图像进行斜切处理,制作出逼真的投影效果。

> **实战：制作商品投影效果**
> 源文件：源文件\第2章\2-4-4.psd　　视频：视频\第2章\2-4-4.mp4

01 执行"文件→打开"命令，打开素材图像"源文件\第2章\素材\24401.psd"，效果如图2-72所示。打开"图层"面板，按住 Ctrl 键单击"图层2"缩览图，载入"图层2"选区，如图2-73所示。

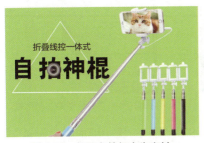

图2-72　打开自拍杆广告素材

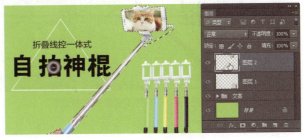

图2-73　载入图层选区

02 新建图层，设置"前景色"为黑色，按快捷键 Alt+Delete，为选区填充前景色，按快捷键 Ctrl+D，取消选区，如图2-74所示。执行"编辑→变换→斜切"命令，显示定界框，如图2-75所示。

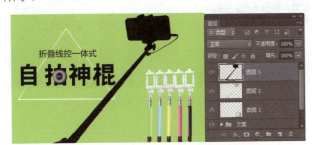

图2-74　为选区填充黑色并取消选区

图2-75　显示定界框

03 将光标放置在定界框上下任意一侧中间位置的控制点上，光标会变成 ⇄ 状，单击并拖曳即可对该图像进行水平斜切操作，如图2-76所示。将光标放置在定界框左右任意一侧中间位置的控制点上，光标会变成 ⇅ 状，单击并拖曳即可对该图像进行垂直斜切操作，如图2-77所示。

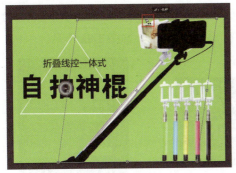

图2-76　在水平方向进行斜切操作

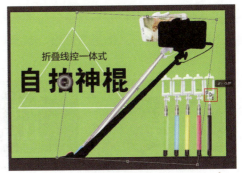

图2-77　在垂直方向进行斜切操作

04 按Enter键,确认对图像的变换操作,在"图层"面板中将"图层3"移至"图层2"下方,效果如图2-78所示。选择"图层3",执行"滤镜→模糊→高斯模糊"命令,弹出"高斯模糊"对话框,设置如图2-79所示。

图2-78 调整图层叠放顺序效果　　　　　图2-79 "高斯模糊"对话框

05 单击"确定"按钮,应用"高斯模糊"滤镜,效果如图2-80所示。在"图层"面板中设置"图层3"的"不透明度"为25%,完成商品图像阴影的添加,效果如图2-81所示。

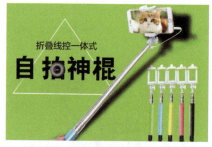
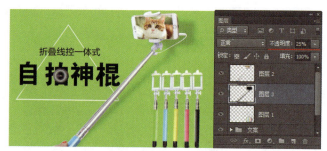

图2-80 应用"高斯模糊"滤镜效果　　　　图2-81 降低图层"不透明度"

2.4.5 图像的扭曲操作

通过对图像进行斜切、扭曲等操作,可以使图像表现出多种特殊形态,从而增强图像的观赏性。在一些商品广告的设计中,常常需要对商品图像进行扭曲处理,从而使版面表现出空间感。

实战:对商品图像进行扭曲处理

源文件:源文件\第2章\2-4-5.psd　　　视频:视频\第2章\2-4-5.mp4

01 执行"文件→打开"命令,打开素材图像"源文件\第2章\素材\24501.psd",效果如图2-82所示。打开"图层"面板,选择商品所在图层"图层4",如图2-83所示。

图2-82 打开电视广告素材图像　　　　　图2-83 选择图层

02 执行"编辑→变换→扭曲"命令,显示定界框,如图 2-84 所示。将光标放置在定界框四周的控制点上,光标会变成▷状,单击并拖曳即可对图像进行扭曲操作,如图 2-85 所示。

图 2-84　显示定界框

图 2-85　对图像进行扭曲操作

03 使用相同的制作方法,拖曳其他控制点对图像进行扭曲操作,按 Enter 键,确认对图像的变换操作,调整后的效果如图 2-86 所示。

图 2-86　对图像进行扭曲调整后的效果

> **提示** ▶▶ 与斜切操作不同的是,执行扭曲操作时,控制点可以随意拖曳,不受调整边框方向的限制,而斜切则会受到调整方向的限制。如果在拖曳鼠标的同时按住 Alt 键,则可以制作出对称扭曲的效果,如果在拖曳鼠标的同时按住 Shift 键,则可以将拖曳的方向控制在水平或垂直方向上。

2.4.6　图像的透视操作

网店卖家在处理商品图像时,如果需要将平面图像变换为透视效果,可以使用 Photoshop 中的透视功能对商品图像进行处理。

实战:对商品图像进行透视处理

源文件:源文件\第 2 章\2-4-6.psd　　视频:视频\第 2 章\2-4-6.mp4

视频

01 执行"文件→打开"命令,打开素材图像"源文件\第 2 章\素材\24601.psd",效果如图 2-87 所示。打开"图层"面板,选择"图层 1",执行"编辑→变换→透视"命令,显示定界框,如图 2-88 所示。

图 2-87　打开画笔素材图像

图 2-88　显示定界框

02 将鼠标指针移至定界框右上角的控制点上，光标会变成▷状，单击并拖曳即可对图像进行透视操作，如图 2-89 所示。还可以拖曳其他控制点进行透视操作，按 Enter 键，确认对图像的透视变换操作，对商品图像透视处理后的效果如图 2-90 所示。

图 2-89　对图像进行透视处理

图 2-90　透视处理后的效果

2.4.7　图像的变形操作

除了可以对图像进行缩放、斜切、扭曲和透视等变换操作之外，在 Photoshop 中还可以对图像进行任意的变形操作处理。

选中素材中需要进行变形处理的图像，执行"编辑→变换→变形"命令，显示出变形框，如图 2-91 所示。拖曳变形框上的任意控制点或变形线，可以对图像进行任意的变形处理，如图 2-92 所示。

图 2-91　显示变形框

图 2-92　对图像进行变形处理

执行"变形"命令后，在选项栏中的"变换"下拉列表中预设了 15 种变形效果，这 15 种预设变形效果如图 2-93 所示。

第 2 章　Photoshop 的基本操作

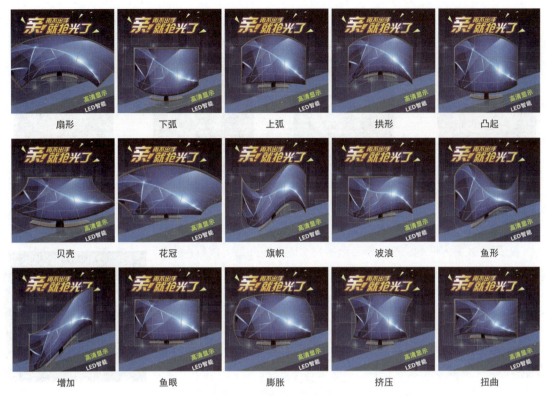

图 2-93　15 种预设的变形效果

2.5　图像裁剪操作

在处理图像时，有时会出现构图不合理，或者只是需要图像中的某一部分，使用"裁剪工具"可以解决这类问题。

2.5.1　认识"裁剪工具"

单击工具箱中的"裁剪工具"按钮 ，在选项栏中可以对"裁剪工具"的相应选项进行设置，如图 2-94 所示。

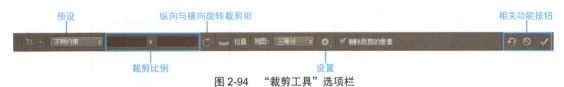

图 2-94　"裁剪工具"选项栏

实战：通过裁剪突出图像中的商品

源文件：源文件\第 2 章\2-5-1.jpg　　视频：视频\第 2 章\2-5-1.mp4

视频

01 执行"文件→打开"命令，打开商品图像"源文件\第 2 章\素材\25101.jpg"，效果如图 2-95 所示。单击工具箱中的"裁剪工具"按钮，在图像上显示裁剪控制框，如图 2-96 所示。

02 移动鼠标指针至裁剪框的边缘位置，当光标呈现双向箭头时，拖曳即可调整裁剪框的

037

大小，如图2-97所示。将鼠标指针移至裁剪框内部，单击并拖曳可以调整裁剪区域的位置，如图2-98所示。

图2-95　打开手表图像

图2-96　显示手表图像的裁剪控制框

图2-97　调整手表图像的裁剪框大小

图2-98　移动手表图像的裁剪框位置

03 完成裁剪区域的调整，单击选项栏上的"提交当前裁剪操作"按钮或按Enter键，即可对图像进行裁剪操作，效果如图2-99所示。

> **提示** 除了上述方法外，还可以利用菜单栏中的"裁剪"命令实现图像的裁剪。在裁剪控制框中，可以对裁剪区域进行适当的调整，将鼠标指针移至裁剪框四周的8个控制点上，当指针呈现 ⇕ ⇔ ⤡ ⤢ 状时，单击并拖曳即可放大或缩小裁剪区域；将鼠标指针移至裁剪框外，当指针呈现 ↻ 状时，可以对裁剪区域进行旋转操作。

图2-99　完成图像的裁剪操作

2.5.2　校正倾斜图像

在商品的拍摄过程中，由于相机没有端平或者地势的原因导致照片中商品图像出现倾斜的现象，在Photoshop中，使用"裁剪工具"的"拉直"功能可以轻松地校正倾斜的商品图像。

视频

> **实战：快速校正倾斜的商品图像**
> 源文件：源文件\第2章\2-5-2.jpg　　视频：视频\第2章\2-5-2.mp4

01 执行"文件→打开"命令，打开商品图像"源文件\第2章\素材\25201.jpg"，效果如图2-100所示。单击工具箱中的"裁剪工具"按钮，在图像上显示裁剪控制框，如图2-101所示。

图2-100　打开沙发图像

图2-101　显示沙发图像的裁剪控制框

02 单击选项栏上的"拉直"按钮，在照片中原本应该水平的位置按住鼠标左键并拖曳绘制拉直线，如图2-102所示。释放鼠标左键，Photoshop会根据所绘制的拉直线自动计算图像的旋转角度并创建裁剪区域，如图2-103所示。

03 单击选项栏上的"提交当前裁剪操作"按钮或按 Enter 键，对图像进行裁剪，完成倾斜商品图像的校正，如图 2-104 所示。

图 2-102　绘制拉直线

图 2-103　自动旋转图像并创建裁剪区域

图 2-104　完成倾斜图像的校正

2.5.3　裁切图像空白边

在 Photoshop 中执行"图像→裁切"命令，弹出"裁切"对话框，在该对话框中进行相应的设置，可以去除图像多余的空白边。

> **实战：快速裁切商品图像空白边**
> 源文件：源文件 \ 第 2 章 \ 2-5-3.jpg　　　视频：视频 \ 第 2 章 \ 2-5-3.mp4

视频

01 执行"文件→打开"命令，打开商品图像"源文件 \ 第 2 章 \ 素材 \25301.jpg"，效果如图 2-105 所示。执行"图像→裁切"命令，弹出"裁切"对话框，设置如图 2-106 所示。

02 单击"确定"按钮，完成图像空白边的裁切，效果如图 2-107 所示。

图 2-105　打开鲜花图像

图 2-106　"裁切"对话框

图 2-107　完成图像空白边的裁切

2.5.4　裁剪并修齐扫描图像

如果是扫描获取的商品图像，可以将多张商品图像同时进行扫描，然后再通过 Photoshop 中的"裁剪并修齐照片"命令，即可自动将各商品图像裁剪为单独的文件，非常方便、快捷。

> **实战：快速得到扫描的多张商品图像**
> 源文件：无　　　视频：视频 \ 第 2 章 \ 2-5-4.mp4

视频

01 执行"文件→打开"命令，打开扫描图像"源文件 \ 第 2 章 \ 素材 \25401.jpg"，效果如图 2-108 所示。执行"文件→自动→裁剪并修齐照片"命令，如图 2-109 所示。

图 2-108 打开扫描图像

图 2-109 执行"裁剪并修齐照片"命令

02 操作完成后,Photoshop 会自动将各个照片分离为单独的文件,效果如图 2-110 所示。

图 2-110 自动对照片进行裁剪

2.5.5 透视裁剪工具

在 Photoshop 中将透视裁剪独立成为一个工具,通过使用"透视裁剪工具",在窗口中调整裁剪框的透视角度对照片进行裁剪操作。

单击工具箱中的"透视裁剪工具"按钮 ,选项栏中将显示该工具的设置选项,如图 2-111 所示,其相关参数的设置与"裁剪工具"基本相同。

图 2-111 "透视裁剪工具"选项栏

使用 Photoshop 中的"透视裁剪工具"可以对透视商品图像进行裁剪,并使裁剪后的商品图像具有一定的透视角度。

> **实战：对商品图像进行透视裁剪处理**
> 源文件：源文件\第 2 章\2-5-5.jpg　　视频：视频\第 2 章\2-5-5.mp4

01 执行"文件→打开"命令，打开商品图像"源文件\第 2 章\素材\25501.jpg"，效果如图 2-112 所示。单击工具箱中的"透视裁剪工具"按钮 ，在图像上拖曳绘制一个裁剪区域，如图 2-113 所示。

02 将鼠标指针移至裁剪框外侧，当指针呈现为 状时，单击并拖曳对裁剪框进行旋转操作，如图 2-114 所示。将鼠标指针移至裁剪框边缘控制点上，当指针呈现 状或 状时，单击并拖曳对裁剪框进行调整，如图 2-115 所示。

图 2-112　打开手表商品图像

图 2-113　绘制裁剪框区域

图 2-114　旋转裁剪框

03 拖曳裁剪框下方的两个控制点，调整透视角度，如图 2-116 所示。完成透视裁剪框的调整，按 Enter 键，即可对图像进行透视裁剪操作，效果如图 2-117 所示。

图 2-115　调整裁剪框大小

图 2-116　调整裁剪框透视角度

图 2-117　对图像进行透视裁剪操作

2.6　还原与恢复操作

在编辑图像的过程中，如果某一步的操作出现了失误或对制作的效果不满意，可以还原或恢复图像。

2.6.1 还原和重做

执行"编辑→还原"命令，可以撤销对图像进行的最后一次操作，将图像还原到上一步状态，也可以使用快捷键 Ctrl+Z 快速操作。如果想取消"还原"的操作，可执行"编辑→重做"命令。

◎ **疑问解答** **Photoshop 中默认可以还原多少步操作？**

默认状态下，Photoshop 的还原次数为 20 次，也就是最多能还原最近的 20 步操作。用户可以在"首选项"对话框中的"性能"选项中修改"历史记录状态"的数值，从而获得更多的还原次数。但是，还原次数越多，则需要越多的磁盘空间。

2.6.2 前进一步和后退一步

使用"还原"命令每次只能还原一步操作，如果要连续后退，可以连续执行"编辑→后退一步"命令逐步撤销操作，也可按快捷键 Ctrl+Alt+Z 实现还原操作。如果想向前取消还原，则可以连续执行"编辑→前进一步"命令，或连续按 Shift+Ctrl+Z 快捷键，逐步恢复被撤销的操作。

2.6.3 恢复文件

如果想取消所有操作，将文件一次性恢复到最后一次保存的状态，可以执行"文件→恢复"命令，完成图像的恢复操作。

2.7 本章小结

完成本章内容的学习，读者需要掌握 Photoshop 文件的打开、保存和关闭等基本操作，另外还有图像大小的调整、变换操作、裁剪操作和恢复操作等，虽然这些操作都比较简单，但这些都是图像处理的基础内容，只有熟练掌握这些知识，才能为深入学习 Photoshop 图像处理的其他功能做好准备。

第 3 章　店铺宝贝修图——修饰与修补

如果商品图像中的商品表现效果不清楚或不完整，可以通过使用 Photoshop 中提供的修饰和修补工具，轻松地对图像进行修饰与修复操作。在本章中主要介绍 Photoshop 中修饰与修补工具的使用方法，并通过图像修饰处理案例的制作使读者能够轻松掌握图像修饰与修补的操作方法和技巧。

3.1　使用修补工具

Photoshop 提供了多个用于处理图像的修复工具，包括仿制图章、污点修复画笔、修复画笔、修补和红眼等工具，使用这些工具可以快速修复图像中的污点和瑕疵。

3.1.1　"仿制源"面板

使用"仿制图章工具"可以从图像中复制信息，然后应用到其他区域或其他图像中，该工具常用于复制对象或去除图像中的缺陷。

单击工具箱中的"仿制图章工具"按钮，执行"窗口→仿制源"命令，打开"仿制源"面板，如图 3-1 所示。

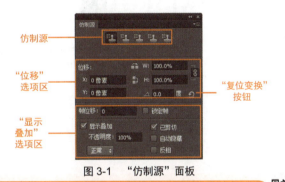

图 3-1　"仿制源"面板

> **实战：倾斜复制商品图像**
> 源文件：源文件\第 3 章\3-1-1.psd　　视频：视频\第 3 章\3-1-1.mp4

视频

01 执行"文件→打开"命令，打开素材图像"源文件\第 3 章\素材\31101.jpg"，效果如图 3-2 所示。复制"背景"图层，得到"背景 副本"图层，如图 3-3 所示。

图 3-2　打开口红广告图像

图 3-3　得到"背景 副本"图层

02 使用"仿制图章工具",选择合适的笔触,将光标移动到需要取样的地方,按住 Alt 键单击进行取样,如图 3-4 所示。打开"仿制源"面板,设置"旋转仿制源"选项为 20°,如图 3-5 所示。

图 3-4　按住 Alt 键单击进行取样

图 3-5　设置"仿制源"面板

03 光标移至图像中需要复制图像的位置进行涂抹,如图 3-6 所示。继续涂抹,即可复制出倾斜的商品图像,效果如图 3-7 所示。

图 3-6　涂抹复制图像

图 3-7　完成倾斜图像的复制

3.1.2　使用"仿制图章工具"

日常拍摄的商品图像可能不会那么尽如人意,经常会出现一些多余的景物影响商品主体的表现,这时,我们便可以使用 Photoshop 中的"仿制图章工具"去除图像中多余的景物。

视频

实战:去除商品图像中多余景物

源文件:源文件 \ 第 3 章 \ 3-1-2.psd　　视频:视频 \ 第 3 章 \ 3-1-2.mp4

01 执行"文件→打开"命令,打开商品图像"源文件 \ 第 3 章 \ 素材 \31201.jpg",效果如图 3-8 所示。复制"背景"图层,得到"背景 副本"图层,"图层"面板如图 3-9 所示。

图 3-8　打开服装商品图像

图 3-9　得到"背景 副本"图层

02 单击工具箱中的"仿制图章工具"按钮,在选项栏中打开"画笔预设"选取器,选择合适的笔触,如图 3-10 所示。将光标移动到需要取样的地方,按住 Alt 键单击进行取样,如图 3-11 所示。

图 3-10 选择合适的笔触

图 3-11 按住 Alt 键单击进行取样

03 在花朵处进行涂抹,效果如图 3-12 所示。使用相同的操作方法,可以完成商品图像中多余景物的去除,效果如图 3-13 所示。

图 3-12 在不需要的图像上进行涂抹

图 3-13 处理完成后的商品图像效果

> **提示** ▶▶ 使用"仿制图章工具"最重要的就是细节的处理,根据涂抹位置的不同,笔触的大小也要变化,而且要在不同的位置取样然后进行涂抹,这样才能保证最后效果与原始图像相融合,没有瑕疵。

☆**技巧**☆在使用"仿制图章工具"时,按] 键可以加大笔触,按 [可以减小笔触;按快捷键 Shift+],可以加大笔触的硬度,按快捷键 Shift+[,可以减小笔触的硬度;还可以在使用"仿制图章工具"时,在图像上右击,打开"画笔预设"选取器,重新选择笔触。

3.1.3 使用"图案图章工具"

使用"图案图章工具"可以利用 Photoshop 中提供的图案或者自定义的图案为图像绘制背景图案。单击工具箱中的"图案图章工具"按钮,可以看到该工具的选项栏,如图 3-14 所示。

图 3-14 "图案图章工具"选项栏

视频

实战：为商品图像添加背景

源文件：源文件\第3章\3-1-3.psd　　视频：视频\第3章\3-1-3.mp4

01 执行"文件→打开"命令，打开商品图像"源文件\第3章\素材\31301.jpg"，复制"背景"图层，得到"背景 副本"图层，效果如图3-15所示。执行"文件→打开"命令，打开背景素材"源文件\第3章\素材\31302.jpg"，效果如图3-16所示。

图3-15　打开商品图像并复制图层

图3-16　打开背景素材

02 执行"编辑→定义图案"命令，弹出"图案名称"对话框，设置如图3-17所示，单击"确定"按钮，将背景素材定义为图案。返回31301.jpg图像中，单击工具箱中的"图案图章工具"按钮，在"选项"栏上的"图案"选取器中选择刚定义的图案，如图3-18所示。

图3-17　"图案名称"对话框

图3-18　选择刚定义的图案

03 在商品图像的背景部分进行涂抹即可为商品添加背景效果，注意，在涂抹的过程中需要根据需要调整笔触大小和笔触硬度，最终效果如图3-19所示。

3.1.4　使用"污点修复画笔工具"

使用"污点修复画笔工具"可以快速去除图像上的污点、划痕和其他不理想的部分。它与"修复画笔工具"的效果类似，也是使用图像或图案中的样本像素进行绘画，并将样本像素的纹理、光照、透明度和阴影与所修复的像素相匹配。

图3-19　为商品图像添加背景效果

单击工具箱中的"污点修复画笔工具"按钮，可以看到该工具所对应的选项栏，如图3-20所示。

图3-20　"污点修复画笔工具"选项栏

第 3 章 店铺宝贝修图——修饰与修补

实战：修复商品图像中的污渍

源文件：源文件\第 3 章\3-1-4.psd　　视频：视频\第 3 章\3-1-4.mp4

视频

01 执行"文件→打开"命令，打开商品图像"源文件\第 3 章\素材\31401.jpg"，效果如图 3-21 所示。复制"背景"图层，得到"背景 副本"图层，如图 3-22 所示。

图 3-21　打开服装商品图像

图 3-22　得到"背景 副本"图层

02 单击工具箱中的"污点修复画笔工具"按钮 ，在选项栏中设置"类型"为"内容识别"，打开"画笔预设"选取器，设置如图 3-23 所示。设置完成后，在衣服有污渍的位置进行涂抹，如图 3-24 所示。

图 3-23　设置笔触相关选项

图 3-24　在污渍部分进行涂抹

03 涂抹完成后释放鼠标，可以看到涂抹位置的污渍被去除，如图 3-25 所示。使用相同的制作方法，可以对衣服上其他的污渍进行修复操作，最终效果如图 3-26 所示。

图 3-25　涂抹处的污渍被去除

图 3-26　商品图像污渍修复后的效果

> **提示** 在 Photoshop 中使用"污点修复画笔工具"不需要指定采样点,只需要在商品图像中有杂色或污渍的位置单击,即可修复单击点位置,Photoshop 能够自动分析鼠标单击处及其周围商品图像的不透明度、颜色与质感,进行采样与修复操作。

3.1.5 使用"修复画笔工具"

"修复画笔工具"与"仿制图章工具"一样,也可以利用图像或图案中的样本像素来绘画。但该工具可以从被修饰区域的周围取样,使用图像或图案中的样本像素进行绘画,并将样本的纹理、光照、透明度和阴影等与所修复的像素匹配,从而去除照片中的污点和划痕,修复后的效果不会产生人工修复的痕迹。

单击工具箱中的"修复画笔工具"按钮,可以看到该工具所对应的选项栏,如图 3-27 所示。

图 3-27 "修复画笔工具"选项栏

3.1.6 使用"修补工具"

"修补工具"可以用其他区域或图案中的像素来修复选中的区域。与"修复画笔工具"一样,"修补工具"会将样本像素的纹理、光照和阴影与源像素进行匹配。但"修补工具"的特别之处是,需要选区来定位修补范围。

单击工具箱中的"修补工具"按钮,可以看到该工具的选项栏,如图 3-28 所示。

图 3-28 "修补工具"选项栏

实战:去除商品图像中的文字

源文件:源文件\第 3 章\3-1-6.psd   视频:视频\第 3 章\3-1-6.mp4

01 执行"文件→打开"命令,打开商品图像"源文件\第 3 章\素材\31601.jpg",可以看到在图像的底部和右侧有许多不需要的文字,如图 3-29 所示。复制"背景"图层,得到"背景 副本"图层,如图 3-30 所示。

图 3-29 打开手表商品图像

图 3-30 得到"背景 副本"图层

02 单击工具箱中的"修补工具"按钮，在选项栏上对相关选项进行设置，如图 3-31 所示。在需要修补的底部文字位置单击并拖曳创建一个选区，如图 3-32 所示。

图 3-31　设置选项栏　　　　　　　　图 3-32　创建选区

03 将光标移至选区内，单击鼠标不放，将选区拖至颜色背景相似的位置，如图 3-33 所示。释放鼠标即可完成修补操作，按快捷键 Ctrl+D，取消选区，效果如图 3-34 所示。

04 使用相同的制作方法，综合运用"修补工具"和"仿制图章工具"，可以将图像右侧的文字去除，最终效果如图 3-35 所示。

图 3-33　将选区拖至背景相似区域　　图 3-34　完成选区中内容的修补　　图 3-35　商品图像文字去除效果

◎ **疑问解答**　如何选择合适的修复工具？

Photoshop 中包含多种修复工具，在对图像进行修补操作时，需要根据图像的实际情况选择合适的修复工具，例如背景简单的可以使用"污点修复画笔工具"或"修补工具"，背景比较复杂的可以使用"仿制图章工具"或"修复画笔工具"。并且在图像修补过程中，可以综合运用不同的修复工具对图像进行处理，从而得到完美的修复效果。

3.1.7　使用"内容感知移动工具"

使用"内容感知移动工具"可以轻松地移动图像中对象的位置，并在对象原位置自动填充附近的图像。

单击工具箱中的"内容感知移动工具"按钮，可以看到该工具的选项栏，如图 3-36 所示。

图 3-36　"内容感知移动工具"选项栏

⬇ **实战：调整商品在图像中的位置**

源文件：源文件\第 3 章\3-1-7.psd　　视频：视频\第 3 章\3-1-7.mp4

01 执行"文件→打开"命令，打开商品图像"源文件\第 3 章\素材\31701.jpg"，效果

视频

如图3-37所示。为了能更好地对比效果，复制"背景"图层，得到"背景 副本"图层，如图3-38所示。

图3-37 打开化妆品广告素材

图3-38 得到"背景 副本"图层

02 使用"内容感知移动工具"，在图像中按住鼠标左键并拖曳，为产品图像创建选区，如图3-39所示。在"选项"栏上对相关选项进行设置，如图3-40所示。

图3-39 绘制商品部分选区

图3-40 设置选项栏

03 使用"内容感知移动工具"移动选区中的图像到合适的位置，如图3-41所示。释放鼠标，取消选区，即可完成图像中对象位置的移动，如图3-42所示。

图3-41 移动选区图像至合适位置

图3-42 完成对象位置的移动

04 完成对象位置的移动后，可以使用"修补工具"或"仿制图章工具"对细节的位置进行一些修饰，使图像效果更加完美，如图3-43所示。继续使用"内容感知移动工具"，在图像中按住鼠标左键并拖曳，为海星图形创建选区，如图3-44所示。

图3-43 对图像背景细节进行修复

图3-44 创建选区

05 在"选项"栏上对相关选项进行设置,如图 3-45 所示。使用"内容感知移动工具"移动选区中的图像到合适的位置,如图 3-46 所示。

图 3-45　设置选项栏　　　　　图 3-46　拖曳选区图像至合适位置

06 释放鼠标,取消选区,即可完成图像中对象位置的移动,并且保留原选区位置的图像,最终效果如图 3-47 所示。

图 3-47　图像处理后的最终效果

3.2　使用擦除工具

擦除工具用来删除图像中多余的部分,Photoshop 中包含了三种类型的擦除工具,分别是"橡皮擦工具""背景橡皮擦工具"和"魔术橡皮擦工具"。

3.2.1　使用"橡皮擦工具"

使用"橡皮擦工具"在图像中涂抹可以擦除图像。如果在"背景"图层或锁定了透明区域的图像中使用该工具,则被擦除的部分会显示为背景色。单击工具箱中的"橡皮擦工具"按钮，可以看到该工具的选项栏,如图 3-48 所示。

图 3-48　"橡皮擦工具"选项栏

> ⬇ **实战:擦除不需要的图像**
>
> 源文件:源文件\第 3 章\3-2-1.psd　　视频:视频\第 3 章\3-2-1.mp4

视频

01 执行"文件→打开"命令,打开素材图像"源文件\第 3 章\素材\32101.jpg",效果如图 3-49 所示。使用"橡皮擦工具",单击工具箱中的背景色色块,弹出"拾色器"对话框,在需要擦除的花朵图像附近吸取颜色,如图 3-50 所示。

图3-49 打开化妆品广告素材

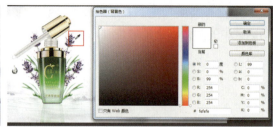
图3-50 吸取需要擦除对象的附近颜色

02 单击"确定"按钮，完成背景色设置，在图像中花朵部分进行涂抹擦除，如图3-51所示。使用相同的制作方法，在不同的区域选择不同的背景颜色进行擦除操作，最终完成不需要图形的擦除，效果如图3-52所示。

图3-51 擦除不需要的图像

图3-52 完成图像擦除处理

> **提示** ▶ 在使用"橡皮擦工具"时，如果处理的是"背景"图层或锁定了透明区域的图层，擦除区域会显示为背景色；如果处理的是其他的普通图层，则可以擦除涂抹区域的像素，使涂抹的区域显示为透明部分。

3.2.2 使用"背景橡皮擦工具"

"背景橡皮擦工具"是一种智能橡皮擦，它具有自动识别对象边缘的功能，可采集画笔中心的色样，并删除在画笔内出现的这种颜色，使擦除区域成为透明区域。单击工具箱中的"背景橡皮擦工具"按钮 ，可以看到该工具的选项栏，如图3-53所示。

图3-53 "背景橡皮擦工具"选项栏

实战：抠取商品图像

源文件：源文件\第3章\3-2-2.psd　　视频：视频\第3章\3-2-2.mp4

01 执行"文件→打开"命令，打开商品图像"源文件\第3章\素材\32201.jpg"，效果如图3-54所示。单击工具箱中的"背景橡皮擦工具"按钮 ，在选项栏中对相关选项进行设置，如图3-55所示。

图 3-54　打开女装商品图像

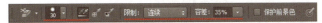

图 3-55　设置选项栏

02 将光标移动到图像上，光标会变成圆形中心为一个十字准星圆形，如图 3-56 所示。在擦除图像时，Photoshop 会采集十字线位置的颜色，并将圆形区域内的类似颜色擦除。单击拖曳即可擦除背景，如图 3-57 所示。

图 3-56　光标显示效果

图 3-57　拖曳擦除背景

03 沿着商品的边缘拖曳继续擦除，效果如图 3-58 所示。适当调整笔触的大小和硬度，最终将商品之外的所有背景擦除，效果如图 3-59 所示。

图 3-58　沿商品边缘进行擦除

图 3-59　将其他背景擦除

04 打开背景素材"源文件 \ 第 3 章 \ 素材 \32202.jpg"，效果如图 3-60 所示。将抠取出来的商品图像移至该文件中，调整到合适的大小和位置，效果如图 3-61 所示。

图 3-60　打开背景素材

图 3-61　拖入抠取的商品图像

> **提示** 使用"背景橡皮擦工具"抠取商品图像仅适用于商品颜色与背景颜色相差较大的情况,如果商品图像的颜色与背景颜色相近,或者背景比较复杂,则使用"背景橡皮擦工具"抠取商品图像比较困难。

3.2.3 使用"魔术橡皮擦工具"

"魔术橡皮擦工具"主要用于删除图像中颜色相近或大面积单色区域的图像,它与"魔棒工具"相类似。单击工具箱中的"魔术橡皮擦工具"按钮,可以看到该工具的选项栏,如图 3-62 所示。

图 3-62 "魔术橡皮擦工具"选项栏

实战:为商品替换背景

源文件:源文件\第 3 章\3-2-3.psd 视频:视频\第 3 章\3-2-3.mp4

01 执行"文件→打开"命令,打开商品图像"源文件\第 3 章\素材\32301.jpg",效果如图 3-63 所示。使用"魔术橡皮擦工具",在"选项"栏中对相关选项进行设置,如图 3-64 所示。

图 3-63 打开小家电商品图像   图 3-64 设置选项栏

02 在图像的白色背景上单击,即可快速擦除商品图像的背景,如图 3-65 所示。将商品图像放大,对商品细节部分的背景同样使用"魔术橡皮擦工具"进行擦除操作,如图 3-66 所示。

图 3-65 快速删除商品白色背景   图 3-66 去除商品细节部分背景颜色

03 执行"文件→打开"命令,打开素材"源文件\第3章\素材\32302.psd",效果如图3-67所示。将刚刚擦除背景后的商品图像拖入到该背景素材中,并调整到合适的大小和位置,效果如图3-68所示。

图3-67 打开广告背景素材

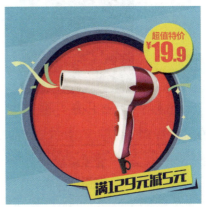
图3-68 将商品图像拖入素材

> **提示** "魔术橡皮擦工具"与"背景橡皮擦工具"类似,只适合擦除色彩比较统一、差异较小的区域,如果商品图像的背景比较复杂,则不适合使用这两种工具进行背景擦除操作。

3.3 修饰与润色工具

图像的修饰工具包括模糊、锐化、涂抹、减淡、加深和海绵等工具,与修改工具不同,修饰工具的主要任务是模糊、锐化、加深图像,以达到相应的视觉效果,能够改变图像的细节、色调。

3.3.1 使用"模糊工具"

"模糊工具"用于柔化图像中的硬边缘或区域,可以降低像素之间的对比度,来减少图像中的细节,将图像变得模糊。单击工具箱中的"模糊工具"按钮,可以看到该工具的选项栏,如图3-69所示。

图3-69 "模糊工具"选项栏

> ⬇ **实战:虚化商品背景**
>
> 源文件:源文件\第3章\3-3-1.psd 视频:视频\第3章\3-3-1.mp4

视频

01 执行"文件→打开"命令,打开商品图像"源文件\第3章\素材\33101.jpg",效果如图3-70所示。复制"背景"图层,得到"背景 副本"图层,如图3-71所示。

图 3-70　打开台灯商品图像

图 3-71　得到"背景 副本"图层

02 使用"模糊工具",在选项栏中对相关选项进行设置,如图 3-72 所示。在图像中对背景部分进行涂抹处理,使商品背景更加虚化,从而更好地突出产品的表现,最终效果如图 3-73 所示。

图 3-72　设置选项栏

图 3-73　虚化商品背景效果

☆**技巧**☆ 使用"模糊工具"时,按住 Alt 键可以临时切换到"锐化工具"的使用状态,松开 Alt 键则回到"模糊工具"的使用状态。

3.3.2　使用"锐化工具"

"锐化工具"用来对图像进行锐化处理,增加像素间的对比度来提高清晰度或聚焦程度。

单击工具箱中的"锐化工具"按钮▲,可以看到该工具的选项栏,如图 3-74 所示。该工具选项栏与"模糊工具"的选项栏基本相同,只多出一个选项,选中"保护细节"复选框,可以保留图像的细节,使其不会过度失真。

图 3-74　"锐化工具"选项栏

视频

实战:通过锐化使商品更清晰

源文件:源文件\第 3 章\3-3-2.psd　　视频:视频\第 3 章\3-3-2.mp4

01 执行"文件→打开"命令,打开商品图像"源文件\第 3 章\素材\33201.jpg",效果如图 3-75 所示。复制"背景"图层,得到"背景 副本"图层,如图 3-76 所示。

056

图3-75 打开手表商品图像

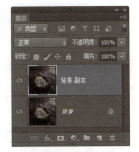

图3-76 得到"背景 副本"图层

02 使用"锐化工具",在选项栏中对相关选项进行设置,如图3-77所示。在图像中对产品部分进行涂抹处理,可以看到产品部分明显变清晰很多,效果如图3-78所示。

图3-77 设置选项栏　　　　　　图3-78 对商品图像进行锐化处理

> **提示** 锐化工具可以增加相邻像素之间的对比度,将较软的边缘明显化,使图像更加聚焦。该工具只能适度使用,因为过度使用会导致图像严重失真。

3.3.3 使用"涂抹工具"

"涂抹工具"可以拾取鼠标单击点的颜色,并沿拖移的方向展开这种颜色,模拟出类似手指拖过湿油漆时的效果。

单击工具箱中的"涂抹工具"按钮 ,可以看到该工具的选项栏,如图3-79所示。该工具的选项栏与"模糊工具"的选项栏基本相同,只多出一个选项,选中"手指绘画"复选框,可以在涂抹时添加前景色,取消勾选,则使用光标所在位置的颜色进行涂抹。

图3-79 "涂抹工具"选项栏

3.3.4 使用"减淡工具"和"加深工具"

"加深工具"和"减淡工具"是色调工具,使用该工具可以改变图像特定区域的曝光度,使图像变暗或变亮。

单击工具箱中的"减淡工具"按钮 ,可以看到该工具的"选项"栏,如图3-80所示。"加深工具"的选项栏与"减淡工具"的选项栏相同。

图 3-80 "减淡工具"选项栏

实战：对商品图像进行加亮处理

源文件：源文件\第 3 章\3-3-4.psd   视频：视频\第 3 章\3-3-4.mp4

01 执行"文件→打开"命令，打开商品图像"源文件\第 3 章\素材\33401.jpg"，效果如图 3-81 所示。复制"背景"图层，得到"背景 副本"图层，如图 3-82 所示。

图 3-81 打开饰品图像   图 3-82 得到"背景 副本"图层

02 使用"减淡工具"，在选项栏中对相关选项进行设置，如图 3-83 所示。在图像中对产品部分进行涂抹处理，可以看到被涂抹的部分明显变亮，如图 3-84 所示。

图 3-83 设置选项栏   图 3-84 涂抹提亮局部

03 使用相同的制作方法，调整笔触大小和"曝光度"选项对产品部分进行涂抹，完成商品图像的加亮处理后，可以看到处理前后的对比效果如图 3-85 所示。

图 3-85 商品图像加亮处理前后对比

3.3.5 使用"海绵工具"

在 Photoshop 中,"海绵工具"可以改变图像中色彩的饱和度。其操作方法非常简单,在选项栏上设置对相关选项进行设置,在图像上单击并拖曳进行涂抹即可。

单击工具箱中的"海绵工具"按钮 ,可以看到该工具的选项栏,如图 3-86 所示。

图 3-86 "海绵工具"选项栏

> **实战:增强商品色彩表现**
> 源文件:源文件\第 3 章\3-3-5.psd　　视频:视频\第 3 章\3-3-5.mp4

视频

01 执行"文件→打开"命令,打开商品图像"源文件\第 3 章\素材\33501.jpg",效果如图 3-87 所示。复制"背景"图层,得到"背景 副本"图层,如图 3-88 所示。

图 3-87　打开沙发商品图像　　　　图 3-88　得到"背景 副本"图层

02 使用"海绵工具",在选项栏中对相关选项进行设置,如图 3-89 所示。在图像中对产品部分进行涂抹处理,需要注意的是,在产品边缘部分需要调整较低的"流量"进行涂抹处理,最终效果如图 3-90 所示。

图 3-89　设置选项栏　　　　图 3-90　增强商品色彩表现的效果

3.4　"历史记录"面板与工具

Photoshop 中的"历史记录画笔"和"历史记录艺术画笔工具"都属于恢复工具,它们需要配合"历史记录"面板使用。所谓历史记录是指图像处理的某个过程,通过在"历史记录"

面板中建立快照就可以保存该状态。

3.4.1 "历史记录"面板

在编辑图像时，每进行一步操作，Photoshop 都会将其记录在"历史记录"面板中。通过该面板可以将图像恢复到操作过程中的某一步状态，也可以再次回到当前的操作状态，还可以将处理结果创建为快照或新的文件，如图 3-91 所示。

图 3-91　"历史记录"面板

3.4.2 使用"历史记录画笔工具"

"历史记录画笔工具"可以将图像恢复到编辑过程中的某一步骤状态，或者将部分图像恢复为原样。

打开商品图像"源文件\第 3 章\素材\34201.jpg"，效果如图 3-92 所示。单击工具箱中的"历史记录画笔工具"按钮 ，在选项栏中打开"画笔预设"选取器，笔触设置如图 3-93 所示，选项栏的设置如图 3-94 所示。

图 3-92　打开女装商品图像

图 3-93　笔触设置

图 3-94　设置选项栏

执行"图像→调整→去色"命令或按快捷键 Ctrl+Shift+U，将图像去色，效果如图 3-95 所示。使用"历史记录画笔工具"，在人物上进行涂抹，恢复局部色彩，如图 3-96 所示。

图 3-95　图像去色效果

图 3-96　恢复人物部分的色彩

> **实战：为广告人物进行磨皮处理**
> 源文件：源文件\第3章\3-4-2.psd　　　视频：视频\第3章\3-4-2.mp4

视频

01 执行"文件→打开"命令，打开素材图像"源文件\第3章\素材\34202.jpg"，效果如图 3-97 所示。复制"背景"图层，得到"背景 副本"图层，如图 3-98 所示。

图 3-97　打开广告图像并观察人物面部　　　　　图 3-98　得到"背景 副本"图层

02 执行"窗口→历史记录"命令，打开"历史记录"面板，单击"创建新快照"按钮，新建"快照 1"，如图 3-99 所示。执行"滤镜→模糊→高斯模糊"命令，弹出"高斯模糊"对话框，设置如图 3-100 所示。

图 3-99　新建"快照 1"　　　　　图 3-100　"高斯模糊"对话框

03 单击"确定"按钮，应用"高斯模糊"滤镜，图像效果如图 3-101 所示。单击工具箱中的"历史记录画笔工具"按钮，在"历史记录"面板中指定"历史记录画笔"的源，然后选择"快照 1"，如图 3-102 所示。

图 3-101　应用"高斯模糊"滤镜　　　　　图 3-102　选择"快照 1"

04 设置合适的笔触大小，在人物皮肤处进行涂抹，效果如图 3-103 所示。在人物皮肤不同的位置需要调整不同的笔触大小和笔触"不透明度"进行仔细涂抹，最终效果如图 3-104 所示。

图 3-103　在人物皮肤处进行涂抹

图 3-104　人物皮肤处理后的效果

◎ **疑问解答**　**快照是否会与图像一起保存？**

快照不会与图像一起存储，关闭某个图像将会删除在该图像中所创建的快照。同时，除非选择"允许非线性历史记录"选项，否则，如果选择某个快照并更改图像，则会删除"历史记录"面板中当前列出的所有状态。

3.4.3　使用"历史记录艺术画笔工具"

"历史记录艺术画笔工具"使用指定的历史记录或快照中的源数据，以风格化描边进行绘画，并且通过使用不同的绘画样式、大小和容差选项，可以用不同的色彩和艺术风格模拟绘画的纹理。

和"历史记录画笔工具"一样，"历史记录艺术画笔工具"也将指定的历史记录状态或快照用作源数据。但是，"历史记录画笔工具"通过重新创建指定的源数据来绘画，而"历史记录艺术画笔工具"在使用这些数据的同时，还可以应用不同的颜色和艺术风格。

单击工具箱中的"历史记录艺术画笔工具"按钮 ，可以看到该工具的选项栏，如图 3-105 所示。

图 3-105　"历史记录艺术画笔工具"选项栏

◎ **疑问解答**　**"历史记录艺术画笔工具"与"历史记录画笔工具"有什么不同？**

"历史记录艺术画笔工具"与"历史记录画笔工具"的工作方法完全一样，但是，"历史记录艺术画笔工具"在恢复图像的同时会对图像进行艺术化处理，从而绘制出别具一格的艺术效果。

▼ **实战：打造艺术风格广告背景**

源文件：源文件\第 3 章\3-4-3.psd　　视频：视频\第 3 章\3-4-3.mp4

01 执行"文件→打开"命令，打开素材图像"源文件\第 3 章\素材\34301.jpg"，效果如图 3-106 所示。复制"背景"图层，得到"背景 副本"图层，如图 3-107 所示。

图 3-106　打开护肤品广告素材图像

图 3-107　得到"背景 副本"图层

02 单击工具箱中的"历史记录艺术画笔工具"按钮，打开"画笔预设"选取器，笔触设置如图 3-108 所示。在其"选项"栏上对其他选项进行设置，如图 3-109 所示。

图 3-108　笔触设置

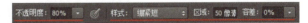
图 3-109　设置选项栏

03 设置完成后，使用"历史记录艺术画笔工具"在图像背景上进行涂抹，最终效果如图 3-110 所示。

图 3-110　处理后的图像背景效果

3.5　本章小结

本章主要讲解了如何使用修饰与修复工具方便、快捷地对商品图像中的瑕疵进行修复。通过对本章内容的学习，读者需要掌握修饰与修复工具的使用方法和操作技巧，并且能够在商品图像的处理过程中灵活运用。

第 4 章 商品抠图——选区

选区是 Photoshop 中使用频率最高的功能，也是图像调整处理的基础，通过选区可以选择图像中的局部区域，从而对图像的局部区域进行操作。在本章中主要介绍了在 Photoshop 中创建选区的多种方法，不同的选区创建方法主要针对不同的图像，从而使用户能够快速、准确地创建出所需要的选区。

4.1 创建选区的基本工具

在 Photoshop 中需要对图像的局部进行处理时，首先需要为需要处理的部分创建选区。选框工具组是创建选区的基本工具，在该组中包含 4 种选框工具，即"矩形选框工具""椭圆选框工具""单行选框工具"和"单列选框工具"。

4.1.1 矩形选框工具和椭圆选框工具

使用"矩形选框工具"或"椭圆选框工具"在图像中左击并拖曳，即可绘制出任意尺寸大小的矩形或椭圆形选区。

分别单击工具箱中的"矩形选框工具"按钮 和"椭圆选框工具"按钮 ，在选项栏中会出现相应的选项，两个工具的设置选项基本相同，如图 4-1 所示。通过在选项栏中对选项进行设置，可以满足不同选区的创建。

图 4-1 "矩形选框工具"和"椭圆选框工具"选项栏

☆**技巧**☆ 除了单击"选项"栏中的相关按钮可以设置选区运算方式外，在创建选区时，按住 Shift 键的效果与按下"添加到选区"按钮 相同；按住 Alt 键的效果与按下"从选区减去"按钮 相同；按住 Shift+Alt 键的效果与按下"与选区相交"按钮 相同。

视频

实战：使用椭圆选框工具抠取商品图像

源文件：源文件 \ 第 4 章 \ 4-1-1.psd　　　　视频：视频 \ 第 4 章 \ 4-1-1.mp4

01 执行"文件→打开"命令，打开素材图像"源文件 \ 第 4 章 \ 素材 \41101.jpg"，效果如

图 4-2 所示。使用"椭圆选框工具",按住 Shift 键在图像中合适的位置单击并拖曳绘制一个正圆形选区,如图 4-3 所示。

图 4-2　打开足球素材图像　　　　　图 4-3　绘制正圆形选区

02 将光标移至刚绘制的正圆形选区内,当光标呈现 形状时,拖曳可以调整选区的位置,如图 4-4 所示。执行"图层→新建→通过复制的图层"命令或按快捷键 Ctrl+J,复制选区中的图像得到"图层 1",将"背景"图层隐藏,可以看到抠取的商品图像效果,如图 4-5 所示。

图 4-4　调整选区位置　　　　　图 4-5　复制选区中的图像并隐藏"背景"图层

03 打开素材图像"源文件\第 4 章\素材\41102.jpg",效果如图 4-6 所示。将抠取出来的商品图像拖至该文件中,并调整到合适的大小和位置,效果如图 4-7 所示。

图 4-6　打开素材图像　　　　　图 4-7　将抠取的图像拖入素材中

◎ **技术看板**　**如何绘制正方形或正圆形选区?**

在使用"矩形选框工具"或"椭圆选框工具"绘制选区时,按住 Shift 键并拖曳鼠标,可以绘制出正方形或正圆形选区;按住 Alt 键拖曳,能够以单击点为中心向外创建矩形或椭圆形选区;同时按住 Shift+Alt 键拖曳,能够以单击点为中心向四周绘制出正方形或正圆形选区。

4.1.2 单行选框工具和单列选框工具

单击工具箱中的"单行选框工具"按钮■或"单列选框工具"按钮■，在需要创建选区的位置单击，即可创建非常精确的一行像素选区和一列像素选区，填充后则会得到一条水平线和垂直线。

实战：为商品广告背景添加斜线纹理

源文件：源文件\第4章\4-1-2.psd   视频：视频\第4章\4-1-2.mp4

01 执行"文件→打开"命令，打开素材"源文件\第4章\素材\41201.psd"，效果如图4-8所示。执行"编辑→首选项→参考线、网格和切片"命令，弹出"首选项"对话框，在对话框中对网格线间距进行设置，如图4-9所示。

图4-8 打开小家电广告素材

图4-9 设置"网格线间隔"选项

02 执行"视图→显示→网格"命令，在画布中显示网格，如图4-10所示。使用"单列选框工具"，在选项栏上单击"添加到选区"按钮■，根据网格线，在图像中分别单击创建多个宽度为1像素的选区，效果如图4-11所示。

图4-10 显示网格

图4-11 创建多个单列选区

03 新建图层，设置"前景色"为白色，为选区填充前景色，按快捷键Ctrl+D，取消选区，执行"视图→显示→网格"命令，将网格隐藏，效果如图4-12所示。按快捷键Ctrl+T，显示出变换框，对该图层中的图像进行旋转和缩放处理，并调整到合适的位置，如图4-13所示。

图 4-12 为选区填充颜色并取消选区

图 4-13 进行旋转和缩放操作

04 按 Enter 键，确认对图像的变换操作，复制"图层 6"，得到"图层 6 副本"，将复制得到的图像调整至合适的位置，效果如图 4-14 所示。设置"图层 6"和"图层 6 副本"的"不透明度"为 50%，完成商品广告背景斜线纹理的添加，效果如图 4-15 所示。

图 4-14 复制图层并调整图像位置

图 4-15 为广告背景添加的斜线纹理效果

4.2 创建颜色范围选区

Photoshop 中提供了创建颜色范围选区的工具，即"快速选择工具"和"魔棒工具"，通过它们可以快速选择出图像中特定图形和颜色的选区，进而可以对选区内容进行处理。

4.2.1 快速选择工具

"快速选择工具"是基于画笔的大小来创建选区范围，它可以自动识别颜色和形状差异较大的图像，进而快速选择图像。单击工具箱中的"快速选择工具"按钮，在选项栏中可以对该工具的相关选项进行设置，如图 4-16 所示。

图 4-16 "快速选择工具"选项栏

进行商品美化处理时，如果商品图像的背景比较复杂，商品图像颜色相对简单，这时可以使用"快速选择工具"来快速地抠取图像中的商品，以便进行后期的商品美化处理。

实战：使用"快速选择工具"抠取商品

源文件：源文件\第 4 章\4-2-1.psd　　视频：视频\第 4 章\4-2-1.mp4

01 执行"文件→打开"命令，打开商品图像"源文件\第 4 章\素材\42101.jpg"，效果如图 4-17 所示。使用"快速选择工具"，在选项栏中对相关选项进行设置，如图 4-18 所示。

图 4-17　打开毛绒玩具商品图像　　　　　　　　图 4-18　设置选项栏

02 将光标移至商品图像上单击即可创建选区，如图 4-19 所示。在商品图像上按住鼠标并拖曳，创建连续的选区，直到选择整个商品图像为止，效果如图 4-20 所示。

图 4-19　在商品图像上单击创建选区　　　　　　图 4-20　选中整个商品图像

03 单击选项栏上的"从选区减去"按钮，将图像放大，在当前选区中不需要的部分单击，创建出比较精细的商品图像选区，如图 4-21 所示。按快捷键 Ctrl+J，复制选区中的图像得到"图层 1"，将"背景"图层隐藏，可以看到抠取图像效果，如图 4-22 所示。

图 4-21　对选区细节进行精细处理　　　　　　　图 4-22　抠取商品图像

04 打开素材图像"源文件\第 4 章\素材\42102.jpg"，效果如图 4-23 所示。将抠取出来的商品图像拖至该文件中，并调整到合适的大小和位置，效果如图 4-24 所示。

图 4-23 打开花纹边框背景素材

图 4-24 将抠取的商品图像拖入素材中

4.2.2 魔棒工具

"魔棒工具"能够选取图像中色彩相近的区域，比较适合选取图像中颜色比较单一的选区。单击工具箱中的"魔棒工具"按钮，在选项栏中会出现相应的选项，通过对参数的设置可以更加快速准确地创建选区，如图 4-25 所示。

图 4-25 "魔棒工具"选项栏

处理商品素材图像时，如果商品图像的颜色与背景颜色区分明确，则可以使用"魔棒工具"快速地从素材图像中抠取所需要的商品图像进行后期处理。

> **实战：使用"魔棒工具"抠取商品**
> 源文件：源文件\第 4 章\4-2-2.psd　　视频：视频\第 4 章\4-2-2.mp4

视频

01 执行"文件→打开"命令，打开商品图像"源文件\第 4 章\素材\42201.jpg"，效果如图 4-26 所示。使用"魔棒工具"，在选项栏中单击"添加到选区"按钮，设置"容差"为 50，如图 4-27 所示。

图 4-26 打开小家电商品图像

图 4-27 设置选项栏

02 将光标移至商品图像上单击即可创建选区，如图 4-28 所示。在商品图像的不同颜色的位置单击，创建连续的选区，直到选择整个商品图像为止，效果如图 4-29 所示。

图 4-28　在商品图像上单击创建选区　　　　图 4-29　选中整个商品图像

> **提示**　对于这种商品图像颜色与背景颜色反差较大,并且背景颜色为纯色的图像,还可以使用"魔棒工具"在背景颜色中单击创建背景部分的选区,再执行"选择→反向"命令,反向选择选区,同样可以得到所需要的商品的选区。

03 按快捷键 Ctrl+J,复制选区中的图像得到"图层 1",将"背景"图层隐藏,可以看到抠取的商品图像效果,如图 4-30 所示。打开素材 "源文件\第 4 章\素材\42202.psd",效果如图 4-31 所示。

图 4-30　抠取商品图像　　　　图 4-31　打开广告背景素材

04 将抠取出来的商品图像拖至该文件中,并调整到合适的大小和位置,如图 4-32 所示。

☆**技巧**☆ 在使用"魔棒工具"创建选区时,按住 Shift 键可添加选区;按住 Alt 键可以在当前选区中减去选区;同时按住 Shift+Alt 键可创建与当前选区相交的选区。

图 4-32　将抠取的商品图像拖入素材中

4.3　创建形状范围选区

通过套索工具组可以在图像中创建不规则的形状范围选区,其中套索工具组中包含 3 种工具,即"套索工具""多边形套索工具"和"磁性套索工具"。

4.3.1 套索工具

"套索工具"的使用方法与选框工具的使用方法基本相同,都是通过在图像中单击鼠标左键并拖曳创建选区,只是"套索工具"比选框工具自由度更大,可以创建几乎任何形状的选区。

> **实战:为瓷盘添加花纹**
> 源文件:源文件\第4章\4-3-1.psd　　视频:视频\第4章\4-3-1.mp4

视频

01 执行"文件→打开"命令,打开花纹素材"源文件\第4章\素材\43101.jpg",效果如图4-33所示。使用"套索工具",在选项栏中设置"羽化"为5像素,在图像中按住鼠标左键并拖曳创建不规则选区,如图4-34所示。

图4-33　打开花纹素材

图4-34　创建不规则选区

02 按快捷键Ctrl+J,复制选区中的图像得到"图层1",将"背景"图层隐藏,可以看到抠取的花纹素材效果,如图4-35所示。打开瓷盘素材"源文件\第4章\素材\43102.jpg",效果如图4-36所示。

图4-35　抠取花纹素材

图4-36　打开瓷盘素材

03 将抠取出来的花纹素材拖至该文件中,并调整到合适的大小和位置,效果如图4-37所示。设置"图层1"的"混合模式"为"正片叠底",效果如图4-38所示。

图 4-37　拖入花纹素材

图 4-38　设置"混合模式"效果

04 复制"图层 1",得到"图层 1 副本",按快捷键 Ctrl+T,对复制得到的图像进行旋转和缩放操作,并调整至合适的位置,如图 4-39 所示。按 Enter 键,确认对图像的变换处理,完成为瓷盘添加花纹效果的处理,最终效果如图 4-40 所示。

图 4-39　复制花纹素材并进行旋转和缩放操作

图 4-40　最终效果

> **提示** ▶▶ 使用"套索工具"在图像中单击鼠标左键并拖曳绘制选区,如果在拖曳的过程中释放鼠标左键,则会在该点与起点之间创建一条直线来封闭选区。"套索工具"只适合用于选取对选区精度要求不高的区域,该工具的最大优势是可以创建出任意形状的选区。

4.3.2　多边形套索工具

使用"多边形套索工具"可以在图像中单击设置选区起点,在其他位置单击,在单击处自动生成与上一点相连接的直线,适合创建由直线构成的选区。

美化商品图像时,如果商品图像的边缘轮廓呈直线状,则可以使用"多边形套索工具"快速地抠取商品图像,因为"多边形套索工具"能够方便地创建出直边的选区效果。

视频

实战:使用"多边形套索工具"抠取图像

源文件:源文件 \ 第 4 章 \ 4-3-2.psd　　视频:视频 \ 第 4 章 \ 4-3-2.mp4

01 执行"文件→打开"命令,打开素材图像"源文件 \ 第 4 章 \ 素材 \43201.jpg",效果如图 4-41 所示。使用"多边形套索工具",在图像中合适的位置单击确定起点,拖曳至转角处单击确定第二点,如图 4-42 所示。

图 4-41　打开月饼礼盒素材图像

图 4-42　确定起点和第 2 个点

02 使用相同的制作方法,沿着商品图像的边缘依次单击其他点,在起始点位置单击鼠标即可创建选区,如图 4-43 所示。按快捷键 **Ctrl+J**,复制选项中的图像得到"图层 1",将"背景"图层隐藏,可以看到抠取的商品图像效果,如图 4-44 所示。

图 4-43　完成图像选区创建

图 4-44　抠取图像

☆**技巧**☆ 使用"多边形套索工具"创建选区的过程中,按住 **Shift** 键的同时单击鼠标左键,可以沿水平、垂直或 45°角方向创建选区。在使用"套索工具"或"多边形套索工具"时,按住 **Alt** 键可以在这两个工具之间进行切换。

03 打开素材图像"源文件\第 4 章\素材\43202.psd",效果如图 4-45 所示。将抠取出来的商品图像拖至该文件中,并调整到合适的大小和位置,效果如图 4-46 所示。

图 4-45　打开广告背景素材

图 4-46　将抠取的商品图像拖入素材图像中

4.3.3 磁性套索工具

"磁性套索工具"具有自动识别绘制对象边缘的功能，如果对象的边缘较为清晰，并且与背景对比明显，使用该工具可以快速选择对象的选区。

"磁性套索工具"可以创建更加细腻、精确的选区，针对不同的图像，可以在选项栏中对相关选项进行设置，如图 4-47 所示。

图 4-47 "磁性套索工具"选项栏

美化商品图像时，如果商品图像与背景具有较高的对比度，就可以使用"磁性套索工具"抠取商品图像，"磁性套索工具"可以根据商品图像的对比度自动跟踪商品图像的边缘，这样可以快速地抠取商品图像，提高工作效率。

实战：使用"磁性套索工具"抠取图像

源文件：源文件\第 4 章\4-3-3.psd　　视频：视频\第 4 章\4-3-3.mp4

01 执行"文件→打开"命令，打开素材图像"源文件\第 4 章\素材\43301.jpg"，效果如图 4-48 所示。使用"磁性套索工具"，在选项栏中对工具的相关选项进行设置，如图 4-49 所示。

图 4-48 打开护肤产品图像

图 4-49 设置选项栏

02 将光标移至商品图像边缘位置，单击鼠标确定起点，如图 4-50 所示。沿着商品图像的边缘移动光标，Photoshop 会在光标经过处自动添加锚点来创建选区，如图 4-51 所示。

图 4-50 单击确定起点

图 4-51 沿商品图像边缘移动光标

03 沿商品图像的边缘移动光标至起点位置，光标呈现形状，单击鼠标左键，闭合选区，即可完成商品图像选区的创建，如图 4-52 所示。按快捷键 Ctrl+J，复制选项中的图像得到"图层 1"，将"背景"图层隐藏，可以看到抠取的商品图像效果，如图 4-53 所示。

图 4-52 完成选区创建

图 4-53 抠取商品图像

◎ **技术看板** 如何调整磁性套索工具的锚点？

在使用"磁性套索工具"在图像中创建选区的过程中，按 Delete 键可以删除上一个锚点和线段，如果自动选择边框没有贴近被选对象的边缘，可以在选区上单击左键，手动添加一个锚点，然后将其调整至合适的位置。

04 打开素材图像"源文件\第 4 章\素材\43302.psd"，效果如图 4-54 所示。将抠取出来的商品图像拖至该文件中，并调整到合适的大小和位置，效果如图 4-55 所示。

图 4-54 打开广告背景素材

图 4-55 将抠取的商品图像拖入素材图像中

☆**技巧**☆ 使用"磁性套索工具"绘制选区的过程中，按住 Alt 键在其他区域单击，可切换为"多边形套索工具"，创建直线选区；按住 Alt 键单击并拖曳，可切换为"套索工具"。

4.4 其他创建选区的方法

有些时候需要创建一些精确的选区，而前面讲到的创建选区的方法虽然快速，但却不能保证创建出来的选区可以达到所需的精度，所以还需要使用其他一些方法创建选区，如本节将要介绍的"色彩范围""快速蒙版""调整边缘"等方法。

4.4.1 色彩范围

在处理商品图像时，如果商品的形状比较复杂不好抠取，可以使用"色彩范围"命令，利用图像中的颜色变化关系来抠取商品图像。

视频

> **实战：使用"色彩范围"抠取图像**
> 源文件：源文件 \ 第 4 章 \ 4-4-1.psd　　视频：视频 \ 第 4 章 \ 4-4-1.mp4

01 执行"文件→打开"命令，打开商品图像"源文件 \ 第 4 章 \ 素材 \44102.jpg"，效果如图 4-56 所示。执行"选择→色彩范围"命令，弹出"色彩范围"对话框，在该对话框中选中"本地化颜色簇"选项，并对相关参数进行设置，如图 4-57 所示。

图 4-56　打开女包商品图像

图 4-57　"色彩范围"对话框

02 在"色彩范围"对话框中单击"吸管工具"按钮，在文件窗口中的图像背景上单击，如图 4-58 所示，进行颜色取样，"色彩范围"对话框如图 4-59 所示。

图 4-58　在图像背景中进行颜色取样

图 4-59　对图像背景进行颜色取样后的效果

03 单击对话框中的"添加到取样"按钮，在图像背景中的其他区域单击，如图 4-60 所示。通过在背景区域的多次单击，将商品背景全部添加到选区中，如图 4-61 所示。

04 在"色彩范围"对话框中的"选区预览"下拉列表中选择"快速蒙版"选项，在图像窗口中观察图像边缘细节，如图 4-62 所示。继续使用"添加到取样"对图像边缘部分进行精细选取，如图 4-63 所示。

图 4-60　在图像背景中添加颜色取样

图 4-61　对图像背景进行多次颜色取样后的效果

图 4-62　观察图像边缘细节

图 4-63　对图像边缘细节进行处理

05 单击"确定"按钮，完成"色彩范围"对话框的设置，自动创建图像白色背景选区，执行"选择→反向"命令，反向选择选区得到商品图像选区，如图 4-64 所示。按快捷键 Ctrl+J，复制选项中的图像得到"图层 1"，将"背景"图层隐藏，可以看到抠取的商品图像效果，如图 4-65 所示。

图 4-64　得到商品图像选区

图 4-65　抠取商品图像

06 打开素材图像"源文件\第 4 章\素材\44103.psd"，效果如图 4-66 所示。将抠取出来的商品图像拖至该文件中，并调整到合适的大小和位置，效果如图 4-67 所示。

077

图 4-66　打开广告背景素材

图 4-67　将抠取的商品图像拖入素材图像中

4.4.2　快速蒙版

快速蒙版是一种用于创建选区的技术，对于一些无法直接使用选区工具（如"矩形选框工具""套索工具"）创建选区的图像，可以尝试借助快速蒙版来制作。快速蒙版也称临时蒙版，当退出快速蒙版模式时，不被保护的区域变为一个选区，将选区作为蒙版编辑时可以使用几乎所有的 Photoshop 工具或滤镜来修改蒙版。

单击工具箱中的"以快速蒙版编辑模式"按钮◎，即可进入快速蒙版编辑状态，再次单击"以标准模式编辑"按钮◎，则退出快速蒙版状态。

实战：使用"快速蒙版"抠取图像

源文件：源文件\第 4 章\4-4-2.psd　　　视频：视频\第 4 章\4-4-2.mp4

01 执行"文件→打开"命令，打开素材图像"源文件\第 4 章\素材\44201.jpg"，效果如图 4-68 所示。双击工具箱底部的"以快速蒙版编辑模式"按钮◎，弹出"快速蒙版选项"对话框，设置如图 4-69 所示。

图 4-68　打开化妆品素材图像

图 4-69　"快速蒙版选项"对话框

02 单击"确定"按钮，进入快速蒙版编辑模式，使用"画笔工具"，在选项栏中打开"画笔"选取器，选择合适的画笔笔触并设置笔触大小，如图 4-70 所示。在图像中需要抠取的商品部分进行涂抹，效果如图 4-71 所示。

03 对于商品边缘的细节部分，需要将图像放大并使用较小的笔触进行精细涂抹，最终完成整个商品部分的涂抹，如图 4-72 所示。单击"以标准模式编辑"按钮◎，则退出快速蒙版状态，得到商品图像选区，如图 4-73 所示。

图 4-70　选择画笔笔触

图 4-71　在需要抠取的商品部分涂抹

图 4-72　精细涂抹商品边缘

图 4-73　退出快速蒙版得到商品图像选区

> **提示**　一般使用"快速蒙版"功能都是从选区开始的，首先可以创建一个大致的选区，然后进入到快速蒙版编辑模式，在该模式中对选区进行添加或减去处理，从而得到精细的选区。

04 按快捷键 Ctrl+J，复制选项中的图像得到"图层 1"，可以看到抠取的商品图像效果，如图 4-74 所示。打开素材"源文件 \ 第 4 章 \ 素材 \44202.psd"，将抠取出来的商品图像拖至该文件中，并调整到合适的大小和位置，效果如图 4-75 所示。

图 4-74　抠取商品图像

图 4-75　将抠取的商品图像拖入素材中

4.4.3　调整边缘

在创建选区时，如果选区对象是毛发等细微的图像时，我们可以先在工具箱中使用"快速选择工具""魔棒工具"等或执行"色彩范围"命令，在图像中创建一个大致的选区范围，再使用"调整边缘"命令，对选区进行细致化处理，从而选中所需对象。

此外，"调整边缘"命令还可以消除选区边缘周围的背景色、改进蒙版，以及对选区进行扩展、收缩、羽化等处理。尤其选择图像中主体对象时，可以准确、快速地将主体对象与背景区分出来。

视频

实战：使用"调整边缘"抠取人物毛发细节

源文件：源文件\第4章\4-4-3.psd　　　视频：视频\第4章\4-4-3.mp4

01 执行"文件→打开"命令，打开素材图像"源文件\第4章\素材\44301.jpg"，效果如图4-76所示。使用"快速选择工具"，在图像中创建人物的大致选区，效果如图4-77所示。

图4-76　打开人物素材图像

图4-77　创建人物大致选区

02 单击选项栏上的"调整边缘"按钮，或者执行"选择→调整边缘"命令，弹出"调整边缘"对话框，在"视图"下拉列表中选择"黑底"选项，效果如图4-78所示。选中"智能半径"复选框，并对"半径"参数进行设置，如图4-79所示。

图4-78　选择"黑底"选项后的显示效果

图4-79　设置"半径"选项

03 单击对话框中的"调整半径工具"按钮，在图像中对人物头发的边缘部分进行涂抹，如图4-80所示。在选项栏上单击"抹除调整工具"按钮，对缺失的图像进行修补，如图4-81所示。

图4-80　涂抹人物头发边缘

图4-81　修补缺失图像

04 在"调整边缘"对话框中设置"羽化值"为 1 像素,并选中"净化颜色"复选框,如图 4-82 所示。单击"确定"按钮,完成"调整边缘"对话框的设置,抠出人物图像,效果如图 4-83 所示。

图 4-82 设置"调整边缘"对话框　　　　　图 4-83 抠出人物图像

05 打开素材"源文件 \ 第 4 章 \ 素材 \44302.psd",如图 4-84 所示。将抠出的人物图像拖曳至设计文件中,将人物素材调整到合适的大小和位置,最终效果如图 4-85 所示。

图 4-84 打开化妆品广告素材　　　　　图 4-85 将抠取的人物图像拖入素材中

4.5 选区的编辑操作

选区是图像处理过程中最重要的概念之一,在创建选区之后,为了满足图像处理的需要,还可以对选区进行适当的编辑处理,在本节中将向读者介绍对选区进行编辑处理的相关操作方法和技巧。

4.5.1 移动选区

使用任意的创建选区工具都可以对选区进行移动,只要确认在选项栏中创建选区工具的运算方式为"新选区"即可,此时将光标移至选区内侧,光标形状发生改变,如图 4-86 所示。按住鼠标左键进行拖曳即可对选区进行移动,如图 4-87 所示。

◎ **疑问解答**　**如何隐藏和显示选区?**

在图像中创建选区后,执行"视图→显示额外内容"命令或按快捷键 Ctrl+H,即可将选区隐藏,如果想要再次显示出选区,可以再次执行相同的命令或按快捷键 Ctrl+H。

图4-86 光标移至选区内部

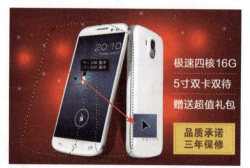
图4-87 移动选区位置

4.5.2 修改选区

打开一张素材图像,在该图像中创建选区,如图4-88所示。为了满足编辑的需要可以对选区的外形进行修改,执行"选择→修改"命令,在其子菜单中包括边界、平滑、扩展、收缩和羽化5个命令,如图4-89所示。执行相应的命令即可对选区进行相应的编辑处理。

图4-88 创建选区

图4-89 "修改"子菜单命令

"边界"命令可将当前选区的边界向内侧、外侧进行扩展,扩展后的区域形成新的选区将原选区替换。执行"选择→修改→边界"命令,在弹出的"边界选区"对话框中输入相应的数值,如图4-90所示,单击"确定"按钮,可以看到处理后的选区效果,如图4-91所示。

图4-90 "边界选区"对话框

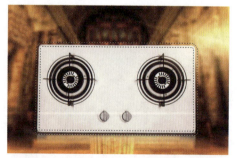
图4-91 使用"边界"命令处理后的选区

"平滑"命令可以对创建的选区进行平滑操作,使边缘生硬的选区变得平滑。执行"选择→修改→平滑"命令,在弹出的"平滑选区"对话框中输入相应的数值,如图4-92所示。单击"确定"按钮,可以看到对选区进行平滑处理的效果,如图4-93所示。

图 4-92　"平滑选区"对话框　　　图 4-93　使用"平滑"命令处理后的选区

通过"扩展"命令可以对创建的选区范围进行扩展。执行"选择→修改→扩展"命令，在弹出的"扩展选区"对话框中输入相应的数值，如图 4-94 所示，单击"确定"按钮，可以看到对选区进行扩展处理的效果，如图 4-95 所示。

图 4-94　"扩展选区"对话框　　　图 4-95　使用"扩展"命令处理后的选区

通过"收缩"命令可以对创建的选区范围进行收缩。执行"选择→修改→收缩"命令，在弹出的"收缩选区"对话框中输入相应的数值，如图 4-96 所示，单击"确定"按钮，可以看到对选区进行收缩处理的效果，如图 4-97 所示。

图 4-96　"收缩选区"对话框　　　图 4-97　使用"收缩"命令处理后的选区

"羽化"命令可以对创建的选区进行羽化处理，使选区边缘产生逐渐过渡的效果。执行"选择→修改→羽化"命令，在弹出的"羽化选区"对话框中输入相应的数值，如图 4-98 所示，单击"确定"按钮，羽化选区，将选区以外的内容删除，效果如图 4-99 所示。

图 4-98　"羽化选区"对话框　　　图 4-99　羽化选区并删除选区以外内容的效果

4.5.3 反向选区

在图像中创建选区，如图 4-100 所示。执行"选择→反向"命令，或按快捷键 Shift+Ctrl+I，可以快速将选区以外的区域创建为选区，即创建反向选区，如图 4-101 所示。

图 4-100 创建选区

图 4-101 反向选择选区

实战：增添商品的动感效果

源文件：源文件\第 4 章\4-5-3.psd   视频：视频\第 4 章\4-5-3.mp4

01 执行"文件→打开"命令，打开商品图像"源文件\第 4 章\素材\45301.jpg"，效果如图 4-102 所示。复制"背景"图层，得到"背景 副本"图层，如图 4-103 所示。

图 4-102 打开玩具车商品图像

图 4-103 得到"背景 副本"图层

02 使用"快速选择工具"，在图像中为商品创建选区，如图 4-104 所示。执行"选择→修改→羽化"命令，弹出"羽化选区"对话框，设置如图 4-105 所示。

图 4-104 创建商品选区

图 4-105 "羽化选区"对话框

03 单击"确定"按钮，对选区进行羽化操作，效果如图4-106所示。按快捷键Ctrl+Shift+I，反向选择选区，如图4-107所示。

图4-106　羽化选区　　　　　　　　　　　图4-107　反向选择选区

04 执行"滤镜→模糊→径向模糊"命令，弹出"径向模糊"对话框，设置如图4-108所示。单击"确定"按钮，为选区中的图像应用"径向模糊"滤镜，按快捷键Ctrl+D，取消选区，最终效果如图4-109所示。

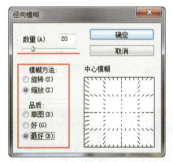

图4-108　"径向模糊"对话框　　　　　　　图4-109　应用"径向模糊"滤镜效果

4.5.4　扩大选取

执行"选择→扩大选取"命令后，如果选区周围图像区域像素的色调与选区中的色调相似，相临图像的区域就会被添加到当前选区中，但只能选择与选区相邻的区域。

打开素材图像并在图像中创建选区，如图4-110所示。执行"选择→扩大选取"命令，可以看到执行该命令后的选区效果，如图4-111所示。

图4-110　创建选区　　　　　　　图4-111　执行"扩大选取"命令后的选区效果

4.5.5 选取相似

"选取相似"与"扩大选取"命令类似,都是将与选区中像素色调相同的区域添加到选区中,但通过"选取相似"命令可以扩展的区域是整个图像,包括未与选区相连的区域。

在图像中创建选区,如图4-112所示。执行"选择→选取相似"命令,可以看到执行该命令后的选区效果,如图4-113所示。

图 4-112 创建选区　　　　　　　图 4-113 执行"选取相似"命令后的选区效果

4.5.6 变换选区

选区的变换操作可以通过"变换选区"命令实现,主要可以对选区进行旋转和缩放操作。

在图像中创建选区,如图4-114所示。执行"选择→变换选区"命令,在选区外侧出现选区变换框,如图4-115所示。

图 4-114 创建选区　　　　　　　图 4-115 显示选区变换框

移动鼠标至选区变换框外侧区域,当光标变成双箭头旋转图标时,按住鼠标左键并拖曳可以对选区进行旋转操作,如图4-116所示。释放鼠标后,可以看到对选区进行旋转的效果,如图4-117所示。

图 4-116 对选区进行旋转操作　　　　　　　图 4-117 旋转后的选区效果

移动鼠标至选区变换框上的控制点处，当光标变成双箭头图标时，按住鼠标左键并拖曳可以对选区进行缩放操作，如图 4-118 所示。释放鼠标后，可以看到对选区进行缩放的效果，如图 4-119 所示。

图 4-118　对选区进行缩放操作

图 4-119　缩放后的选区效果

☆**技巧**☆ 在对选区进行变换操作的过程中，如果按住 Ctrl 键拖曳控制点，可以对选区进行扭曲操作；如果按住 Shift 键拖曳四个角的控制点，可以等比例缩放选区。

按 Enter 键或用鼠标在选区内双击，可以确认当前对选区的变换操作。如果当前操作有误，按 Esc 键返回到选区未执行变换操作前的效果。

4.6　选区图像的复制与粘贴

如果需要对图像执行复制操作，首先需要使用选区创建工具选择需要复制的图像区域，之后再执行粘贴操作，本节将讲解图像的复制与粘贴操作的方法。

4.6.1　剪切、拷贝和合并拷贝

剪切、拷贝和合并拷贝分别可以通过 3 种方法将选择区域的图像添加到剪贴板中。

打开一张素材图像，使用"矩形选框工具"，在图像中创建选区，如图 4-120 所示。执行"编辑→剪切"命令或按快捷键 Ctrl+X，将选区中的图像添加到剪贴板中，并将选区中图像删除，如图 4-121 所示。

图 4-120　创建选区

图 4-121　剪切选区图像

> **提示** 如果需要剪切图像所在的图层是"背景"层，那么在执行"剪切"命令时，剪切区域图像将被删除并填充背景色；如果需要剪切图像所在的图像不是"背景"图层，剪切后图像区域将变透明。

打开另一张素材图像，效果如图 4-122 所示。执行"编辑→粘贴"命令或按快捷键 Ctrl+V，调整图像的位置，效果如图 4-123 所示。

图 4-122 打开素材图像

图 4-123 粘贴图像

> **提示** 通过"合并拷贝"命令可以将当前选区中所有可见图层的图像合并，并添加到剪贴板中。

4.6.2 选择性粘贴

执行"编辑→选择性粘贴"命令，在该命令的子菜单中可以包含"原位粘贴""贴入"和"外部粘贴"3 个子命令，如图 4-124 所示。

图 4-124 "选择性粘贴"子菜单命令

如果剪贴板包含从其他 Photoshop 文件复制的像素，执行"原位粘贴"命令，可以将选区内图像粘贴到目标文件中与其在源文件中所处位置相同的位置。

如何执行"贴入"或"外部粘贴"命令，可以将复制的选区粘贴到任意图像中的其他选区之中或之外，源选区粘贴到新图层，而目标选区边框将转换为图层蒙版。

视频

实战：将图像贴入到选区中

源文件：源文件 \ 第 4 章 \ 4-6-2.psd   视频：视频 \ 第 4 章 \ 4-6-2.mp4

01 执行"文件→打开"命令，打开素材图像"源文件 \ 第 4 章 \ 素材 \46201.jpg"，如图 4-125 所示。执行"选择→全部"命令或按快捷键 Ctrl+A，选取整个图像，按快捷键 Ctrl+C 复制选区内的图像内容，如图 4-126 所示。

图 4-125 打开化妆品素材图像

图 4-126 全选并复制图像

02 打开素材图像"源文件\第 4 章\素材\46203.jpg",效果如图 4-127 所示。使用"椭圆选框工具",在选项栏中设置"羽化"为 10 像素,在图像中按住 Shift 键,绘制正圆形选区,如图 4-128 所示。

图 4-127　打开广告素材

图 4-128　创建正圆形选区

03 执行"编辑→选择性粘贴→贴入"命令,将复制的图像粘贴到正圆形选区中,效果如图 4-129 所示。打开"图层"面板,可以看到自动创建一个带有图层蒙版的新图层,蒙版形状为刚绘制的正圆形选区,如图 4-130 所示。

图 4-129　将复制的图像粘贴到选区中

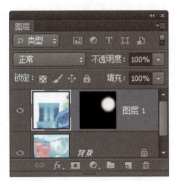
图 4-130　"图层"面板

04 选中"图层 1"缩览图,按快捷键 Ctrl+T,显示自由变换框,将图像等比例缩小并调整位置,如图 4-131 所示。按 Enter 键,确认对图像的变换操作,如图 4-132 所示。

图 4-131　等比例缩小图像

图 4-132　确认图像变换操作

05 使用相同的制作方法,还可以在图像中创建其他的正圆形选区,并将复制的图像贴入到正圆形选区中,效果如图 4-133 所示。

图 4-133　制作出相似的效果

4.7　本章小结

在本章中详细介绍了在 Photoshop 中创建选区的方法，并且还介绍了选区的编辑方法。通过本章内容的学习，用户除了可以理解选区的基本概念之外，还可以对选区的编辑与操作方法有所了解，并掌握选区在图像处理和设计过程中的应用方法和操作技巧。

第 5 章　商品图像的色彩——调色

在商品图像的拍摄过程中，由于受到拍摄环境等客观因素的影响，可能导致拍摄的商品图像无法达到满意的效果，出现曝光不足、偏色等现象。Photoshop 提供了强大的图像色调和色彩调整功能，可以对图像中的各种色彩问题进行调整和校正，从而使图像的色彩表现更加完美。在本章中主要介绍 Photoshop 中的各种图像色彩调整命令的使用方法，并通过案例的制作，使读者能够轻松、便捷地对图像色彩进行调整。

5.1　自动调整商品图像

在 Photoshop 中可以通过一组自动命令对图像色调进行快速的调整，包括"自动色调""自动对比度"和"自动颜色"。

5.1.1　自动色调

"自动色调"命令可以自动调整图像中的黑场和白场，将每个颜色通道中最亮和最暗的像素映射到纯白（色阶为 255）和纯黑（色阶为 0），中间像素值按比例重新分布，从而增强图像的对比度。

> **实战：自动调整商品图像色调**
> 源文件：源文件 \ 第 5 章 \ 5-1-1.psd　　视频：视频 \ 第 5 章 \ 5-1-1.mp4

01 执行"文件→打开"命令，打开素材图像"源文件 \ 第 5 章 \ 素材 \51101.jpg"，可以看到该图像有些发暗黄色，效果如图 5-1 所示。

02 打开"图层"面板，复制"背景"图层，得到"背景 副本"图层，执行"图像→自动色调"命令，Photoshop 会自动对图像的明暗色调进行调整，效果如图 5-2 所示。

图 5-1　打开香水产品广告图像　　　　　　图 5-2　执行"自动色调"命令后的效果

◎ **疑问解答**　在对图像调整前为什么要先复制图层？

在对图像进行调整之前，最好能够复制一层，在复制得到的图像上进行调整，即使调整的效果不佳，还可以通过原始图像重新进行调整，也便于对比调整前后的效果。如果是使用调整图层对图像进行调整，则不需要复制图层。

> **提示**▶▶▶　"自动色调"命令根据图像整体颜色的明暗程度进行自动调整，使得亮部与暗部的颜色按一定的比例分布。按快捷键Shift+Ctrl+L，也可以执行"自动色调"命令调整图像的色调。

5.1.2　自动对比度

"自动对比度"命令可以自动调整图像中颜色的总体对比度和混合颜色，它将图像中最亮和最暗的像素映射为白色和黑色，使高光看上去更亮，阴影看上去更暗，使图像的对比度加强，看上去更有立体感，光线效果更加强烈。

> **提示**▶▶▶　"自动对比度"命令不会单独调整通道，它只调整色调，而不会改变色彩平衡，因此，也就不会产生偏色，但也不能用于消除色偏（色偏即色彩发生改变）。该命令可以改进彩色图像的外观，无法改善单色调颜色的图像（只有一种颜色的图像）。

实战：自动调整商品图像对比度

源文件：源文件\第5章\5-1-2.psd　　视频：视频\第5章\5-1-2.mp4

01 执行"文件→打开"命令，打开商品图像"源文件\第5章\素材\51201.jpg"，可以看到该图像有些偏暗，并且对比度不强，效果如图5-3所示。

02 打开"图层"面板，复制"背景"图层，得到"背景 副本"图层，执行"图像→自动对比度"命令，Photoshop会自动对图像的色调对比度进行调整，效果如图5-4所示。

图5-3　打开女装商品图像

图5-4　执行"自动对比度"命令后的效果

◎ **疑问解答**　"自动对比度"命令适合调整什么图像？

"自动对比度"命令对于调整连续调的图像效果相当明显，而对于单色或颜色不丰富的图像几乎不产生作用。按快捷键Alt+Shift+Ctrl+L，也可以执行"自动对比度"命令调整图像色调。

5.1.3 自动颜色

"自动颜色"命令可以通过搜索图像来标识阴影、中间调和高光,从而调整图像的对比度和颜色,我们可以使用该命令来校正出现色偏的照片。

> **实战:自动校正商品图像偏色**
> 源文件:源文件 \ 第 5 章 \ 5-1-3.psd   视频:视频 \ 第 5 章 \ 5-1-3.mp4

视频

01 执行"文件→打开"命令,打开商品图像"源文件 \ 第 5 章 \ 素材 \51301.jpg",可以看到由于拍摄光线的问题,该商品图像有些偏黄色,效果如图 5-5 所示。

02 打开"图层"面板,复制"背景"图层,得到"背景 副本"图层,执行"图像→自动颜色"命令,Photoshop 会自动校正图像的颜色,效果如图 5-6 所示。

图 5-5 打开香水商品图像

图 5-6 执行"自动颜色"命令后的效果

5.2 图像色调的基本调整命令

在 Photoshop 中提供了图像色调的基本调整命令,例如"亮度/对比度""曝光度""自然饱和度""色相/饱和度""色彩平衡"等,下面将向读者分别进行相应的介绍。

5.2.1 亮度/对比度

"亮度/对比度"命令主要用来调整图像的亮度和对比度。虽然使用"色阶"和"曲线"命令都能实现此功能,但是这两个命令使用起来比较复杂,而使用"亮度/对比度"命令可以更加简便直观的完成亮度和对比度的调整。

在 Photoshop 中打开需要调整的商品图像,执行"图像→调整→亮度/对比度"命令,弹出"亮度/对比度"对话框,如图 5-7 所示。

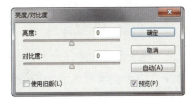

图 5-7 "亮度/对比度"对话框

在"亮度/对比度"对话框中可以对图像的亮度和对比度进行调整,拖曳"亮度"滑块或在其文本框中输入数值(范围 -100 ~ 100),可以调整图像的亮度;拖曳"对比度"滑块或在其文本框中输入数值(-100 ~ 100),可以调整图像的对比度。

视频

> **实战**：调整对比度突出商品

源文件：源文件\第 5 章\5-2-1.psd　　视频：视频\第 5 章\5-2-1.mp4

01 执行"文件→打开"命令，打开商品图像"源文件\第 5 章\素材\52101.jpg"，效果如图 5-8 所示。单击"图层"面板上的"创建新的填充或调整图层"按钮 ，在弹出的菜单中选择"亮度/对比度"选项，如图 5-9 所示。

图 5-8　打开手表商品图像　　　　　　　　图 5-9　选择"亮度/对比度"调整图层

02 在打开的"属性"面板中对亮度和对比度选项进行设置，如图 5-10 所示。完成"亮度/对比度"调整图层的设置，可以看到调整后的图像效果，如图 5-11 所示。

图 5-10　设置"亮度/对比度"选项　　　　　图 5-11　调整后的图像效果

> **提示** ▶▶ 亮度和对比度的值为负值，图像亮度和对比度下降；如果值为正值，则图像亮度和对比度增加；当值为 0 时，图像不发生任何变化。

●●● 5.2.2　曝光度

"曝光度"命令是一种色调控制命令，专门针对相片曝光过度或不足而进行调节。实际摄影中，由于主客观原因，拍摄的照片不是过暗就是过亮，让人失望，使用"曝光度"命令就可以解决这个问题。

打开需要调整曝光度的图像，执行"图像→调整→曝光度"命令，弹出"曝光度"对话框，如图 5-12 所示。在该对话框中对相关选项进行设置，可以调整图像的曝光度。

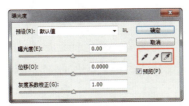

图 5-12 "曝光度"对话框

在商品拍摄过程中,经常会因为曝光过度而导致图像偏白,或因为曝光不足而导致图像偏暗,此时可以通过"曝光度"命令来调整图像的曝光度,使图像曝光达到正常。

⬇ 实战:调整曝光不足的商品图像

源文件:源文件\第 5 章\5-2-2.psd 　　视频:视频\第 5 章\5-2-2.mp4

视频

01 执行"文件→打开"命令,打开商品图像"源文件\第 5 章\素材\52201.jpg",效果如图 5-13 所示。单击"图层"面板上的"创建新的填充或调整图层"按钮,在弹出的菜单中选择"曝光度"选项,在打开的"属性"面板中对相关选项进行设置,如图 5-14 所示。

图 5-13 打开沙发商品图像

图 5-14 设置"曝光度"

02 完成"曝光度"调整图层的设置,可以看到调整后的商品图像效果,如图 5-15 所示。

图 5-15 调整后的图像效果

◎ 技术看板　对图像局部曝光度进行调整的方法

使用"曝光度"命令可以对图像整体的曝光度进行调整,如果需要对图像局部的曝光度进行调整,可以使用"加深工具"或"减淡工具"在图像中需要调整的位置进行涂抹,可以使涂抹的区域变暗或变亮,这样就可以对图像局部的曝光度进行调整。

5.2.3 自然饱和度

如果需要调整图像的饱和度，而又要在颜色接近最大饱和度时最大限度地减少修剪，可以使用"自然饱和度"命令进行调整。

打开需要调整的图像，执行"图像→调整→自然饱和度"命令，弹出"自然饱和度"对话框，如图5-16所示。在该对话框中对相关选项进行设置，可以调整图像的饱和度。

图5-16 "自然饱和度"对话框

视频

实战：使商品图像色彩更鲜艳

源文件：源文件\第5章\5-2-3.psd　　视频：视频\第5章\5-2-3.mp4

01 打开商品图像"源文件\第5章\素材\52301.jpg"，这张商品图像由于拍摄光线问题，色彩有些苍白，如图5-17所示。单击"图层"面板上的"创建新的填充或调整图层"按钮，在弹出的菜单中选择"自然饱和度"选项，在打开的"属性"面板中对相关选项进行设置，如图5-18所示。

02 完成"自然饱和度"调整图层的设置，可以看到调整后的商品图像效果，增加饱和度之后，商品图像色彩变得更加鲜艳、靓丽，如图5-19所示。

图5-17 打开香水商品图像　　图5-18 设置"自然饱和度"　　图5-19 调整后的图像效果

> **提示** ▶▶ "自然饱和度"是用于调整色彩饱和度的命令，它的特别之处是可在增加饱和度的同时防止颜色过于饱和而出现溢色。使用"自然饱和度"对话框中的"自然饱和度"选项调整商品图像时，可以使调整后的商品呈现很自然的色彩，防止颜色过度饱和。

5.2.4 色相/饱和度

"色相/饱和度"命令可以调整图像中特定颜色范围的色相、饱和度和明度，或者同时调整图像中的所有颜色。该命令尤其适用于微调CMYK图像中的颜色，以便它们处在输出设备的色域内。

打开需要调整的图像，执行"图像→调整→色相/饱和度"命令，弹出"色相/饱和度"对话框，如图5-20所示。在该对话框中对相关选项进行设置，可以对图像的色相、饱和度和明度进行调整。

> **提示** 在"色相/饱和度"对话框中选中"着色"复选框后,无法使用"图像调整工具"在图像上拖曳调整图像。在"全图"编辑模式下,无法使用"吸管工具"在图像中单击定义颜色范围。

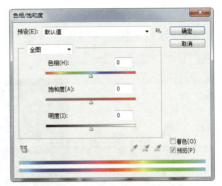

图 5-20　"色相/饱和度"对话框

实战:制作多种不同色彩的商品

源文件:源文件\第 5 章\5-2-4.psd　　　视频:视频\第 5 章\5-2-4.mp4

视频

01 执行"文件→打开"命令,打开商品图像"源文件\第 5 章\素材\52401.jpg",效果如图 5-21 所示。使用"魔棒工具",在"选项"栏中对相关选项进行设置,在图像的背景上单击创建白色背景部分的选区,如图 5-22 所示。

图 5-21　打开女包商品图像

图 5-22　创建白色背景选区

02 执行"选择→反向"命令或按快捷键 Shift+Ctrl+I,反向选择选区,得到商品选区,如图 5-23 所示。按快捷键 Ctrl+C,复制选区中的图像。打开素材图像"源文件\第 5 章\素材\52402.jpg",效果如图 5-24 所示。

图 5-23　反向选择选区

图 5-24　打开图像

03 按快捷键 **Ctrl+V**，粘贴商品图像，并调整到合适的大小和位置，如图 5-25 所示。选择"图层 1"，执行"图像→调整→色相/饱和度"命令，弹出"色相/饱和度"对话框，对相关选项进行设置，如图 5-26 所示。

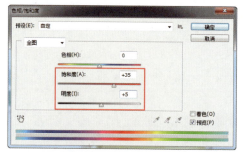

图 5-25　粘贴商品图像　　　　　　　　　图 5-26　在"色相/饱和度"对话框中设置饱和度和明度

04 单击"确定"按钮，完成"色相/饱和度"对话框的设置，商品图像的色彩更加艳丽，效果如图 5-27 所示。复制"图层 1"图层，得到"图层 1 副本"图层，将复制得到的图像等比例缩小，并调整至合适的位置，如图 5-28 所示。

图 5-27　商品图像显示效果　　　　　　　图 5-28　复制图像并等比例缩小

05 选择"图层 1 副本"图层，执行"图像→调整→色相/饱和度"命令，弹出"色相/饱和度"对话框，对相关选项进行设置，如图 5-29 所示。单击"确定"按钮，完成"色相/饱和度"对话框的设置，得到另一种色彩的商品，效果如图 5-30 所示。

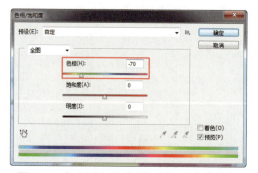

图 5-29　在"色相/饱和度"对话框中设置色相　　　图 5-30　调整图像色相后的效果

06 将"图层 1 副本"图层移至"图层 1"下方，调整图层叠放顺序，效果如图 5-31 所示。使用相同的制作方法，还可以得到其他不同颜色的商品，最终效果如图 5-32 所示。

图 5-31 调整叠放顺序

图 5-32 最终效果

5.2.5 色彩平衡

"色彩平衡"命令可以更改图像的总体颜色混合。打开需要调整的图像,执行"图像→调整→色彩平衡"命令,弹出"色彩平衡"对话框,如图 5-33 所示。在该对话框中对相关选项进行设置,可以对图像的阴影、中间调和高光色调分别进行调整。

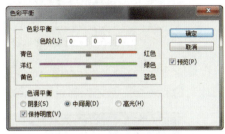
图 5-33 "色彩平衡"对话框

> **实战:校正商品图像的偏色**
> 源文件:源文件\第 5 章\5-2-5.psd 视频:视频\第 5 章\5-2-5.mp4

视频

01 执行"文件→打开"命令,打开素材图像"源文件\第 5 章\素材\52501.jpg",可以很明显地发现该图像有些偏紫色,如图 5-34 所示。复制"背景"图层,得到"背景 副本"图层,如图 5-35 所示。

图 5-34 打开化妆品素材图像

图 5-35 得到"背景 副本"图层

02 执行"图像→调整→色彩平衡"命令,弹出"色彩平衡"对话框,选择"中间调"选项,拖曳滑块调整中间调中的颜色平衡,如图 5-36 所示,图像效果如图 5-37 所示。

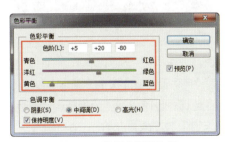
图 5-36 设置中间调选项

图 5-37 调整中间调的效果

03 选择"阴影"选项,拖曳滑块调整阴影中的颜色平衡,如图5-38所示,图像效果如图5-39所示。

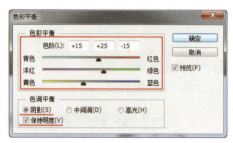

图5-38 设置阴影选项　　　　　　　　　图5-39 调整阴影的效果

04 选择"高光"选项,拖曳滑块调整高光中的颜色平衡,如图5-40所示。单击"确定"按钮,完成"色彩平衡"对话框的设置,图像效果如图5-41所示。

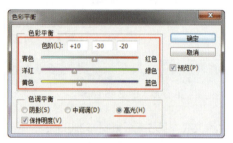

图5-40 设置高光选项　　　　　　　　　图5-41 调整高光的效果

05 单击"图层"面板上的"创建新的填充或调整图层"按钮,在弹出的菜单中选择"色相/饱和度"选项,在打开的"属性"面板中对相关选项进行设置,如图5-42所示。完成"色相/饱和度"调整图层的设置,可以看到调整后的商品图像效果,如图5-43所示。

图5-42 设置"色相/饱和度"选项　　　　图5-43 调整后的商品图像效果

◎ **疑问解答**　"色彩平衡"命令的优势是什么?

"色彩平衡"命令正如其字面意思,是用来调整各种色彩间平衡的功能。它将图像分为高光、中间调和阴影三种色调,我们可以调整其中一种或两种色调,也可以调整全部色调的颜色。例如,可以只调整高光色调中的红色,而不会影响中间调和阴影中的红色。

5.2.6 黑白

"黑白"命令可以将彩色图像转换为黑灰度图像，该命令提供了选项，可以同时保持对各颜色的转换方式的完全控制。此外，也可以为灰度着色，将彩色图像转换为单色图像。

打开需要调整的图像，执行"图像→调整→黑白"命令，弹出"黑白"对话框，如图 5-44 所示。在该对话框中对相关选项进行设置，可以将图像处理为黑白或单色图像效果。

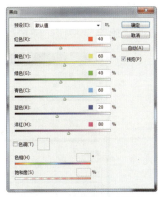

图 5-44 "黑白"对话框

> **实战：将商品图像处理为单色效果**
>
> 源文件：源文件\第 5 章\5-2-6.psd　　视频：视频\第 5 章\5-2-6.mp4

视频

01 执行"文件→打开"命令，打开素材图像"源文件\第 5 章\素材\52601.jpg"，效果如图 5-45 所示。复制"背景"图层，得到"背景 副本"图层，如图 5-46 所示。

图 5-45 打开护肤品广告素材

图 5-46 得到"背景 副本"图层

02 执行"图像→调整→黑白"命令，弹出"黑白"对话框，如图 5-47 所示。当弹出"黑白"对话框时，Photoshop 会自动对当前图像进行分析并处理为黑白效果，如图 5-48 所示。

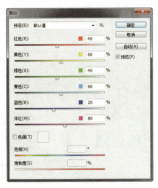

图 5-47 "黑白"对话框

图 5-48 将图像处理为黑白的效果

03 在该商品图像的原图中主要是以蓝色、黄色和少量的洋红色为主，我们可以通过在"黑白"对话框中对相关颜色的明暗度进行调整,如图 5-49 所示,从而使黑白图像的效果更加美观。单击"确定"按钮,完成"黑白"对话框的设置,图像效果如图 5-50 所示。

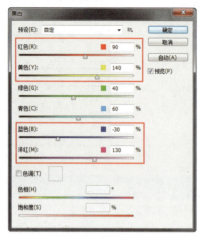

图 5-49 在"黑白"对话框中设置颜色明暗度

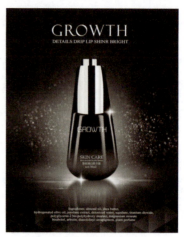

图 5-50 设置后的图像效果

●●● 5.2.7 照片滤镜

"照片滤镜"命令可以模拟通过彩色校正滤镜拍摄照片的效果,该命令允许用户选择预设的颜色或者自定义的颜色向图像应用色相调整。

打开需要调整的图像,执行"图像→调整→照片滤镜"命令,弹出"照片滤镜"对话框,如图 5-51 所示。在该对话框中对相关选项进行设置,可以对图像的色调进行调整。

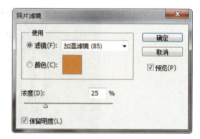

图 5-51 "照片滤镜"对话框

实战:将商品图像处理为暖色调

源文件:源文件\第 5 章\5-2-7.psd   视频:视频\第 5 章\5-2-7.mp4

01 执行"文件→打开"命令,打开素材图像"源文件\第 5 章\素材\52701.jpg",如图 5-52 所示。使用"椭圆选框工具",在图像中绘制一个椭圆形选区,如图 5-53 所示。

图 5-52 打开饰品素材图像

图 5-53 绘制椭圆形选区

02 执行"选择→修改→羽化"命令,弹出"羽化选区"对话框,设置如图 5-54 所示。

单击"确定"按钮，对选区进行羽化操作，执行"选择→反向"命令，反向选择选区，如图5-55所示。

图 5-54 "羽化选区"对话框

图 5-55 反向选择选区

03 新建"图层1"，设置"前景色"为黑色，按快捷键Alt+Delete，为选区填充前景色，按快捷键Ctrl+D，取消选区，如图5-56所示。设置"图层1"的"不透明度"为70%，效果如图5-57所示。

图 5-56 填充选区后的效果

图 5-57 设置图层的"不透明度"

04 单击"图层"面板上的"创建新的填充或调整图层"按钮，在弹出的菜单中选择"照片滤镜"选项，打开"属性"面板，对相关选项进行设置，如图5-58所示。完成"照片滤镜"调整图层的设置，图像效果如图5-59所示。

图 5-58 设置"照片滤镜"选项

图 5-59 应用"照片滤镜"调整后的效果

05 设置"照片滤镜"调整图层的"混合模式"为"滤色"，效果如图5-60所示。复制"照片滤镜"调整图层，设置复制得到图层的"混合模式"为"滤色"，"不透明度"为45%，最终效果如图5-61所示。

图 5-60 设置"混合模式"后的效果

图 5-61 最终效果

5.2.8 通道混合器

"通道混合器"可以使用图像中现有(源)颜色通道的混合来修改目标(输出)颜色通道,从而控制单个通道的颜色量。打开需要处理的图像,执行"图像→调整→通道混合器"命令,弹出"通道混合器"对话框,如图 5-62 所示。在该对话框中对相关选项进行设置,可以对图像的色调进行调整。

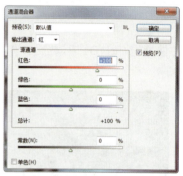
图 5-62 "通道混合器"对话框

实战:调整图像整体色调

源文件:源文件 \ 第 5 章 \ 5-2-8.psd   视频:视频 \ 第 5 章 \ 5-2-8.mp4

01 执行"文件→打开"命令,打开商品图像"源文件 \ 第 5 章 \ 素材 \52801.jpg",效果如图 5-63 所示。复制"背景"图层,得到"背景 副本"图层,如图 5-64 所示。

图 5-63 打开香水商品图像

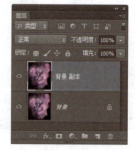
图 5-64 得到"背景 副本"图层

02 执行"图像→调整→通道混合器"命令,弹出"通道混合器"对话框,设置"输出通道"为"红",对相关选项进行设置,如图 5-65 所示,可以看到图像的效果如图 5-66 所示。

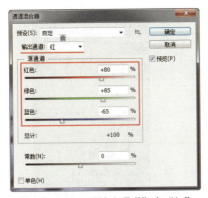 

图 5-65 设置"输出通道"为"红"　　　　图 5-66 对红通道设置的效果

> **提示** "通道混合器"命令可以使用当前颜色通道的混合器修改颜色通道,但在使用该命令之前需要选择复合通道。

03 设置"输出通道"为"蓝",对相关选项进行设置,如图 5-67 所示。单击"确定"按钮,完成"通道混合器"对话框的设置,图像效果如图 5-68 所示。

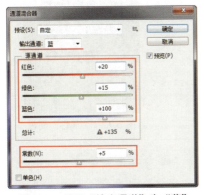 

图 5-67 设置"输出通道"为"蓝"　　　　图 5-68 对蓝通道设置的效果

5.2.9 渐变映射

"渐变映射"命令可以将相等的图像灰度范围映像到指定的渐变填充色。如果指定双色渐变填充,图像中的阴影会映射到渐变填充的一个端点颜色,高光会映射到另一个端点颜色,而中间调会映射到两个端点颜色之间的渐变。

> **实战:使用"渐变映射"调整商品图像颜色**
> 源文件:源文件\第 5 章\5-2-9.psd　　视频:视频\第 5 章\5-2-9.mp4

视频

01 打开素材图像"源文件\第 5 章\素材\52901.jpg",效果如图 5-69 所示。单击"图层"面板上的"创建新的填充或调整图层"按钮,在弹出的菜单中选择"渐变映射"选项,打开的"属性"面板显示默认的渐变颜色设置,如图 5-70 所示。

105

图 5-69　打开护肤品广告图像

图 5-70　添加"渐变映射"调整图层

02 单击"属性"面板中的渐变预览条,弹出"渐变编辑器"对话框,设置渐变颜色如图 5-71 所示。单击"确定"按钮,完成"渐变编辑器"对话框的设置,"属性"面板如图 5-72 所示。

图 5-71　设置渐变颜色

图 5-72　"属性"面板

> **提示** ▶▶ 选中"仿色"复选框,可以添加随机的杂色来平滑渐变填充的外观,减少带宽效应;选中"反向"复选框,将产生原渐变图的反相图像,与执行"图像→调整→反相"命令的效果相类似。

03 完成"渐变映射"调整图层的设置,图像效果如图 5-73 所示。设置"渐变映射"调整图层的"混合模式"为"色相",效果如图 5-74 所示。

图 5-73　应用"渐变映射"调整图层的效果

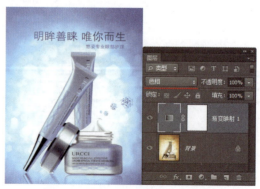

图 5-74　设置"混合模式"后的效果

5.2.10 可选颜色

执行"图像→调整→可选颜色"命令,弹出"可选颜色"对话框,如图 5-75 所示。可以在"颜色"下拉列表框中选择需要调整的颜色,用户可以有针对性地选择红色、黄色、绿色、青色、蓝色、洋红、白色、中性色和黑色进行设置,如图 5-76 所示。

图 5-75 "可选颜色"对话框

图 5-76 "颜色"下拉列表

通过使用青色、洋红、黄色和黑色这 4 个选项可以针对选定的颜色调整 C、M、Y、K 的比例,来修正各原色的网点增溢和色偏,各选项的变化范围都是 -100%～100%。

实战:调整商品图像颜色

源文件:源文件\第 5 章\5-2-10.psd   视频:视频\第 5 章\5-2-10.mp4

视频

01 执行"文件→打开"命令,打开素材图像"源文件\第 5 章\素材\521001.jpg",可以看到图像中商品的颜色为黄色,如图 5-77 所示。复制"背景"图层,得到"背景 副本"图层,执行"图像→调整→可选颜色"命令,弹出"可选颜色"对话框,在"颜色"下拉列表中选择"黄色"选项,对相关选项进行设置,如图 5-78 所示。

图 5-77 打开钱包广告素材图像

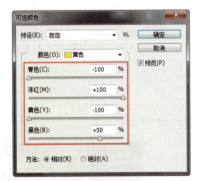
图 5-78 在"可选颜色"对话框中设置参数 1

02 在"颜色"下拉列表中选择"红色"选项,对相关选项进行设置,如图 5-79 所示。单击"确定"按钮,完成"可选颜色"对话框的设置,可以看到将黄色的商品调整为粉红色的效果,如图 5-80 所示。

图 5-79 在"可选颜色"对话框中设置参数 2

图 5-80 调整后的图像效果

◎ **技术看板**　"可选颜色"对话框中"方法"选项的作用

如果选择"相对"选项，调整的数额以 CMYK 四色总数量的百分比来计算，例如，一个像素占有青色的百分比为 50%，再加上 10% 后，其总数就等于原有数额 50% 再加上 10%×50% 即为 50%+10%×50%=55%。如果选择"绝对"选项，则以绝对值调整颜色，例如，一个像素占有青色的百分比为 50%，再加上 10% 后，其总数就等于原有数额 50% 再加上 10%，即 50%+10%=60%。

5.2.11　阴影 / 高光

"阴影 / 高光"是非常有用的命令，该命令能够基于阴影或高光中的局部相邻像素来校正每个像素，在调整阴影区域时，对高光区域的影响很小，而调整高光区域又对阴影区域的影响很小。

使用数码相机逆光拍摄时，经常会遇到一种情况，就是场景中亮的区域特别亮，暗的区域又特别暗。拍摄时如果考虑亮调不能过曝，就会导致暗调区域过暗，看不清内容，形成高反差。通过使用"阴影 / 高光"命令，就可以很好地对这样的商品图像进行处理。

实战：校正商品图像的明暗

源文件：源文件 \ 第 5 章 \ 5-2-11.psd　　　视频：视频 \ 第 5 章 \ 5-2-11.mp4

01 打开商品图像"源文件 \ 第 5 章 \ 素材 \521101.jpg"，这张商品图像由于拍摄光线问题，使得整体偏暗并且有一些偏暖色调，如图 5-81 所示。复制"背景"图层，得到"背景 副本"图层，如图 5-82 所示。

图 5-81 打开沙发商品图像

图 5-82 得到"背景 副本"图层

02 分别执行"图像"菜单中的"自动色调""自动对比度"和"自动颜色"命令,对图像进行自动调整,效果如图 5-83 所示。使用"修补工具",对图像中局部位置进行修补处理,如图 5-84 所示。

图 5-83　自动调整图像　　　　　　　　　图 5-84　对图像局部进行修补

03 执行"图像→调整→阴影/高光"命令,弹出"阴影/高光"对话框,Photoshop 会通过默认参数来提高阴影区域的亮度,如图 5-85 所示,此时图像效果如图 5-86 所示。

图 5-85　"阴影/高光"对话框　　　　　　图 5-86　应用"阴影/高光"调整后的效果 1

04 选中"显示更多选项"复选框,显示出所有选项,对相关选项进行设置,如图 5-87 所示。单击"确定"按钮,完成"阴影/高光"对话框的设置,图像效果如图 5-88 所示。

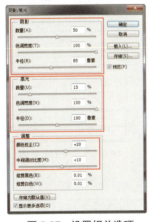

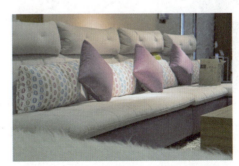

图 5-87　设置相关选项　　　　　　　　　图 5-88　应用"阴影/高光"调整后的效果 2

05 单击"图层"面板上的"创建新的填充或调整图层"按钮,在弹出的菜单中选择"亮度/对比度"选项,打开"属性"面板,对相关选项进行设置,如图 5-89 所示。完成"亮度/对比度"调整图层的设置,可以看到调整后的图像最终效果,如图 5-90 所示。

图 5-89　设置相关选项

图 5-90　图像最终效果

5.2.12　HDR 色调

使用"HDR 色调"命令可以使曝光的图像获得更加逼真和超现实的 HDR 图像外观，降低曝光度，白色的部分将呈现更多细节，除此之外，它还可以将高动态光照渲染的美感注入 8 位图像中。

通过使用 Photoshop 中的"HDR 色调"命令可以非常快捷地对商品图像进行调色和增加清晰度，操作简便实用。

视频

实战：调整商品图像的色调清晰度

源文件：源文件 \ 第 5 章 \ 5-2-12.psd　　视频：视频 \ 第 5 章 \ 5-2-12.mp4

01 打开商品图像"源文件 \ 第 5 章 \ 素材 \521201.jpg"，效果如图 5-91 所示。执行"图像→调整→ HDR 色调"命令，弹出"HDR 色调"对话框，如图 5-92 所示。

图 5-91　打开包包商品图像

图 5-92　"HDR 色调"对话框

02 执行"HDR 色调"命令，弹出"HDR 色调"对话框时，Photoshop 会自动对当前图像进行调整，效果如图 5-93 所示。在"HDR 色调"对话框中对相关选项进行设置，如图 5-94 所示。

03 单击"确定"按钮，完成"HDR 色调"对话框的设置，效果如图 5-95 所示。复制"背景"图层，使用"锐化工具"，在选项栏中对相关选项进行设置，在图像中对商品部分进行适当的涂抹，对商品部分进行锐化处理，使商品部分的细节更加清晰，最终效果如图 5-96 所示。

图 5-93　自动对图像进行 HDR 色调调整　　　　图 5-94　设置相关选项

图 5-95　应用"HDR 色调"调整效果　　　　图 5-96　对图像局部进行锐化处理

> **提示** ▶▶ 使用"HDR 色调"命令对图像进行处理时，必须将该图像的所有图层合并。

●●● 5.2.13　变化

"变化"命令是一个非常简单和直观的图像调整命令，它不像其他命令那样有复杂的选项，使用该命令时，只要单击图像的缩览图便可以调整色彩平衡、对比度和饱和度，并且还可以观察到原图像与调整结果的对比效果。

> **实战：制作彩色调商品图像**
>
> 源文件：源文件 \ 第 5 章 \ 5-2-13.psd　　视频：视频 \ 第 5 章 \ 5-2-13.mp4

视频

01 打开素材图像"源文件 \ 第 5 章 \ 素材 \521302.jpg"，效果如图 5-97 所示。复制"背景"图层，得到"背景 副本"图层，执行"图像→调整→变化"命令，弹出"变化"对话框，如图 5-98 所示。

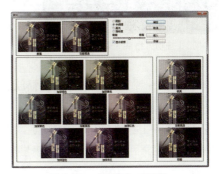

图 5-97　打开化妆品广告素材图像　　　　图 5-98　"变化"对话框

111

02 单击"加深洋红"两次,单击"加深红色"一次,单击"加深蓝色"一次,如图5-99所示。单击"确定"按钮,完成"变化"对话框的设置,图像效果如图5-100所示。

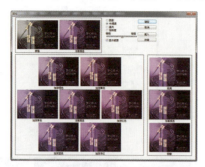

图5-99 设置"变化"对话框

图5-100 应用"变化"调整后的效果

03 新建图层,设置"前景色"为黑色,按快捷键Alt+Delete,为该图层填充黑色,如图5-101所示。执行"滤镜→渲染→镜头光晕"命令,弹出"镜头光晕"对话框,设置如图5-102所示。

图5-101 新建图层并填充黑色

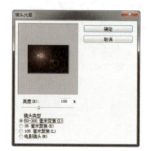

图5-102 "镜头光晕"对话框

04 单击"确定"按钮,应用"镜头光晕"滤镜,效果如图5-103所示。设置"图层1"的"混合模式"为"滤色","不透明度"为80%,并调整光晕图像到合适的位置,最终效果如图5-104所示。

图5-103 应用"镜头光晕"滤镜效果

图5-104 图像最终效果

◎ **技术看板** "变化"命令的调整原理

"变化"命令是基于色轮来进行颜色调整的。在增加一种颜色的含量时,会自动减少该颜色的补色。例如,增加红色会减少青色;增加绿色会减少洋红色;增加蓝色会减少黄色。反之亦然。当我们了解这个规律后,在进行颜色的调整时就会有的放矢了。"变化"命令不能用于对索引颜色模式和16位/通道颜色模式图像进行调整。

5.2.14 匹配颜色

"匹配颜色"命令可以将一个图像(原图像)的颜色与另外一个图像(目标图像)中的颜色相匹配,它比较适合使多个图像的颜色保持一致。此外,该命令还可以匹配多个图层和选区之间的颜色。

通过使用"匹配颜色"命令可以快速地改变图像的色调,使商品图像可以呈现出另外一种效果,并且还可以指定匹配某个图层的图像颜色。

实战:快速匹配商品图像色调

源文件:源文件\第 5 章\5-2-14.psd   视频:视频\第 5 章\5-2-14.mp4

视频

01 打开商品图像"源文件\第 5 章\素材\521401.jpg",效果如图 5-105 所示。打开另一张风景素材图像"源文件\第 5 章\素材\521402.jpg",效果如图 5-106 所示。

图 5-105　打开化妆品素材图像

图 5-106　打开风景素材图像

提示 如果需要使用"匹配颜色"命令修改图像的颜色,必须同时打开目标图像和源图像,并且"匹配颜色"命令仅仅适用于 RGB 颜色模式的图像。

02 切换到商品图像中,复制"背景"图层,使用"快速选择工具",在图像中创建商品部分的选区,如图 5-107 所示。执行"图像→调整→匹配颜色"命令,弹出"匹配颜色"对话框,在"源"下拉列表框中选择 521402.jpg,对相关选项进行设置,如图 5-108 所示。

图 5-107　创建商品部分的选区

图 5-108　"匹配颜色"对话框

◎ **疑问解答**　为什么需要为商品图像创建选区？

此处我们只想要调整商品图像的颜色，所以先创建商品图像的选区，再通过"匹配颜色"命令将目标图像的色彩应用到源图像的选区中，从而改变商品颜色。如果不为商品图像创建选区，则会对整个图像起作用，包括商品图像的背景。

03 单击"确定"按钮，完成"匹配颜色"对话框的设置，按快捷键 **Ctrl+D** 取消选区，如图 5-109 所示。设置"背景 副本"图层"混合模式"为"颜色"，效果如图 5-110 所示。

图 5-109　图像效果

图 5-110　图像最终效果

5.2.15　替换颜色

"替换颜色"命令可以选择图像中的特定颜色，然后将其替换。该命令的对话框中包含了颜色选择选项和颜色调整选项，其中，颜色的选择方式与"色彩范围"命令基本相同，而颜色的调整方式又与"色相/饱和度"命令十分相像。

视频

⬇ **实战：替换商品图像颜色**

源文件：源文件\第 5 章\5-2-15.psd　　　视频：视频\第 5 章\5-2-15.mp4

01 打开商品图像"源文件\第 5 章\素材\521501.jpg"，效果如图 5-111 所示。复制"背景"图层，执行"图像→调整→替换颜色"命令，弹出"替换颜色"对话框，使用"吸管工具"在图像中单击选择需要替换的颜色，如图 5-112 所示。通过"添加到取样""从取样中减去"和"颜色容差"选项，确定需要替换的颜色范围，如图 5-113 所示。

图 5-111　打开女装商品图像

图 5-112　选择需要替换的颜色

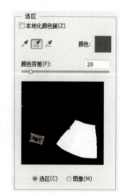
图 5-113　精细选择替换颜色

02 在"替换颜色"对话框的"替换"选项区中进行相应的设置,将选取的颜色范围替换为其他颜色,如图 5-114 所示。单击"确定"按钮,完成"替换颜色"对话框的设置,可以看到商品图像中裙子的颜色变成了红色,如图 5-115 所示。

图 5-114 设置替换成的颜色　　　　　图 5-115 替换商品颜色的效果

> **提示** 使用"替换颜色"命令,可以为需要替换的颜色创建一个临时蒙版,以选择图像中的特定颜色,然后基于这个特定颜色来调整图像的色相、饱和度和明度值。另外,"替换颜色"命令还能够将整幅图像或者选定区域的颜色使用指定的颜色替代。

5.2.16 去色

执行"图像→调整→去色"命令可以去除图像的颜色,彩色图像会变为黑白图像,但不会改变图像的颜色模式。如果在图像中创建了选区,则执行该命令时,可以去除选区内图像的颜色。

实战:使用"去色"命令突出商品图像效果

源文件:源文件\第 5 章\5-2-16.psd　　　视频:视频\第 5 章\5-2-16.mp4

视频

01 打开商品图像"源文件\第 5 章\素材\521602.jpg",效果如图 5-116 所示。复制"背景"图层,得到"背景 副本"图层,分别执行"图像"菜单中的"自动色调""自动对比度"和"自动颜色"命令,对图像进行自动调整,效果如图 5-117 所示。

图 5-116 打开香水商品图像　　　　　图 5-117 对图像进行自动调整

02 使用"快速选择工具",在图像中创建商品部分的选区,如图 5-118 所示。按快捷键 Ctrl+J,复制选区中的图像得到"图层 1",如图 5-119 所示。

图 5-118 创建商品部分的选区

图 5-119 复制选区图像

03 选择"背景 副本"图层,执行"图像→调整→去色"命令,将该图层中的图像进行去色处理,效果如图 5-120 所示。选择"图层 1",设置该图层的"混合模式"为"叠加",最终效果如图 5-121 所示。

图 5-120 将背景去色

图 5-121 图像最终效果

◎ 技术看板 对选区内容进行去色处理

本案例主要是将商品图像的背景进行去色处理,从而有效地突出商品的表现效果。在创建了商品部分的选区后,可以按快捷键 Shift+Ctrl+L,反向选择选区,执行"图像→调整→去色"命令,为选区中的图像进行去色处理,能够得到相同的效果。按快捷键 Shift+Ctrl+U,也可以将窗口中的图像进行去色处理。

5.3 图像色调的特殊调整命令

在 Photoshop 中提供了一些特殊的图像色彩调整命令,例如"反相""阈值""色调分离"等,这些命令的功能,事实上都可以通过使用"曲线"命令来完成,只不过是简化了"曲线"命令的功能,并且独立为单一功能,可以方便操作。

5.3.1 反相

使用"反相"命令,可以将像素的颜色改变为它们的互补色,如黑变白、白变黑等。该命令是唯一不损失图像色彩信息的变换命令。

在使用"反相"命令前,可以先选定反相的内容,如图层、通道、选区范围或整个图像,然后执行"图像→调整→反相"命令,或按快捷键 Ctrl+I。图 5-122 所示为执行"反相"命令前后效果对比。

图 5-122 应用"反相"命令调整前后效果对比

5.3.2 色调均化

"色调均化"命令重新分配图像像素亮度值,以便更平均地分布整个图像的亮度色调。在使用该命令时,Photoshop 会先查找图像中最亮值和最暗值,将最亮的像素变成白色,最暗的像素变为黑色。其余的像素映射相应灰度值上,然后合成图像。这样做的目的是让色彩分布更平均,从而提高图像的对比度和亮度。

打开素材图像"源文件\第 5 章\素材\53201.jpg",如图 5-123 所示。执行"图像→调整→色调均化"命令,可以看到该图像的对比度变强烈了,并且图像更清晰了,如图 5-124 所示。

> **提示** 如果在执行"色调均化"命令之前先创建选区范围,则 Photoshop 会弹出"色调均化"对话框,在该对话框中有两个选项可供选择,分别是"仅色调均化所选区域"和"基于所选区域色调均化整个图像"。

图 5-123 打开化妆品广告素材　　图 5-124 应用"色调均化"后效果

5.3.3 色调分离

"色调分离"命令通过减少每个通道定制的颜色或灰度图像中的亮度值来简化图像,"色调分离"命令可以指定一个 2 ~ 255 的值。

打开素材图像"源文件\第 5 章\素材\53301.jpg",效果如图 5-125 所示。执行"图像→调整→色调分离"命令,弹出"色调分离"对话框,拖曳"色阶"选项滑块或在文本框中输入数值,可以对图像进行调整,如图 5-126 所示。

在该对话框中,设置的"色阶"数值越大,则表现出来的图像色彩越丰富;设置的数值越小,则图像将变得简单粗糙。

图 5-125 打开手表广告素材

图 5-126 应用"色调分离"命令效果

5.3.4 阈值

使用"阈值"命令可将一幅彩色图像或灰度图像转换成只有黑白两种色调的高对比度的黑白图像。

打开素材图像"源文件\第 5 章\素材\53401.jpg",效果如图 5-127 所示。执行"图像→调整→阈值"命令,弹出"阈值"对话框,"阈值"命令会根据图像像素的亮度值把它们一分为二,一部分用黑色表示,另一部分用白色表示,如图 5-128 所示。

图 5-127 打开香水广告素材图像

图 5-128 应用"色调分离"命令效果

黑白像素的分配由对话框中的"阈值色阶"文本框来指定,其变化范围在 1～255,阈值色阶值越大,黑色像素分布越广;反之,阈值色阶值越小,白色像素分布越广。

5.4 色阶

"色阶"可以调整图像的阴影、中间调和高光的强度级别,校正色调范围和色彩平衡,它是 Photoshop 最为重要的调整工具之一,简而言之,"色阶"不仅可以调整色调,还可以调整色彩。

5.4.1 "色阶"对话框

打开素材图像"源文件\第 5 章\素材\54101.jpg",效果如图 5-129 所示,执行"图像→调整→色阶"命令,弹出"色阶"对话框,如图 5-130 所示。对话框中的直方图可以作为调整参考依据,但它不能实时更新。

第 5 章 商品图像的色彩——调色

图 5-129 打开香水广告图像

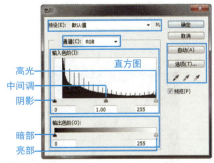

图 5-130 "色阶"对话框

◎ **技术看板** 色阶调整图像对比度技巧

使用"色阶"调整图像的对比度时，阴影和高光滑块越靠近直方图的中央，图像的对比度越强，但也越容易丢失图像的细节。如果能够将滑块精确定位在直方图的起点和终点上，便可以在保持图像细节不丢失的基础上获得最佳的对比度。

5.4.2 色阶调整原理

打开素材图像"源文件 \ 第 5 章 \ 素材 \54201.jpg"，效果如图 5-131 所示，执行"图像→调整→色阶"命令，弹出"色阶"对话框，如图 5-132 所示。

图 5-131 打开香水广告图像

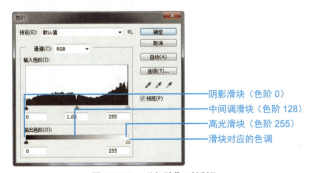

图 5-132 "色阶"对话框

在"输入色阶"选项组中，阴影滑块位于色阶 0 处，它所对应的像素是纯黑的。如果向右移动阴影滑块，Photoshop 就会将滑块当前位置的像素值映射为色阶 0，也就是说，滑块所在位置左侧的所有像素都会变为黑色，如图 5-133 所示。

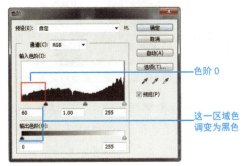

图 5-133 调整阴影滑块效果

119

高光滑块位于色阶255处，它所对应的像素是纯白的。如果向左移动高光滑块，滑块当前位置的像素值就会映射为色阶255，因此，滑块所在位置右侧的所有像素都会变为白色，如图5-134所示。

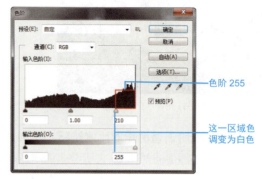

图 5-134　调整高光滑块效果

中间调滑块位于色阶128处，它用于调整图像中的灰度系数，可以改变灰色调中间范围的强度值，但不会明显改变高光和阴影。

"输出色阶"选项组中的两个滑块用来限定图像的亮度范围。当我们向右拖曳暗部滑块时，它左侧的色调都会映射为滑块当前位置的灰色，图像中最暗的色调也就不再是黑色了，色调就会变亮；如果向左移动白色滑块，它右侧的色调都会映射为滑块当前位置的灰色，图像中最亮的色调就不再是白色了，色调就会变暗。

视频

实战：快速修复灰蒙蒙商品图像

源文件：源文件 \ 第 5 章 \ 5-4-2.psd　　　视频：视频 \ 第 5 章 \ 5-4-2.mp4

01 打开商品图像"源文件 \ 第 5 章 \ 素材 \54202.jpg"，效果如图 5-135 所示。单击"图层"面板上的"创建新的填充或调整图层"按钮，在弹出的菜单中选择"色阶"选项，打开的"属性"面板中显示该图像的直方图，如图 5-136 所示。

提示 ▶▶ 在"属性"面板中的直方图中可以看到，山脉的两个端点并没有延伸到直方图的两个端点上，这说明图像中最暗的点不是黑色，最亮的点也不是白色，因此图像就会缺乏对比度，造成图像比较灰暗。

图 5-135　打开香水商品图像　　图 5-136　查看图像直方图

02 按住 Alt 键向右拖曳阴影滑块，临时切换为"阈值"模式，这时可以看到一个高对比度的预览图像，如图 5-137 所示。按住 Alt 键不放拖曳阴影滑块至直方图最左侧的断点上，图像出现阈值状态的高对比度图像，如图 5-138 所示。

图 5-137 按住 Alt 键拖曳滑块

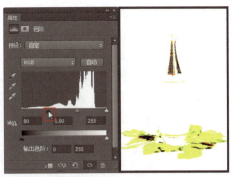
图 5-138 调整阴影滑块位置

☆**技巧**☆在调整色阶时，按住 Alt 键不放拖曳滑块，可以临时将图像的显示方式切换为"阈值"模式的显示方式，通过"阈值"模式的显示方式，可以更方便地分辨图像的对比度。"色阶"对话框中的"阈值"模式不适用于 CMYK 模式的图像。

03 按住 Alt 键不放拖曳高光滑块至直方图最右侧的断点上，图像出现阈值状态的高对比度图像，如图 5-139 所示。完成色阶的调整设置，可以看到调整后的图像比处理前更加清晰了，按快捷键 Ctrl+Alt+Shift+E，盖印图层得到"图层 1"，如图 5-140 所示。

图 5-139 调整高光滑块位置

图 5-140 图像效果

04 使用"快速选择工具"，创建商品图像的选区，如图 5-141 所示。单击工具箱底部的"以快速蒙版模式编辑"按钮，进入快速蒙版编辑模式，如图 5-142 所示。使用"画笔工具"，对商品区域的边缘进行精细的处理，从而得到精细的商品选区，如图 5-143 所示。

图 5-141 创建选区

图 5-142 进入快速蒙版

图 5-143 对商品区域的边缘进行处理

05 返回正常编辑模式,按快捷键 Ctrl+J,复制选区中的图像得到"图层 1",将其他图层隐藏,可以看到抠取的商品图像,如图 5-144 所示。打开素材图像"源文件 \ 第 5 章 \ 素材 \54203. jpg",将刚抠取的商品图像拖入到该素材图像中,并调整到合适的大小和位置,如图 5-145 所示。

图 5-144 抠取商品图像

图 5-145 将商品图像拖入素材图像中

06 使用"仿制图章工具",对商品图像底部相应的位置进行修补处理,如图 5-146 所示。添加"色相/饱和度"调整图层,在"属性"面板中对相关选项进行设置,如图 5-147 所示。执行"图层→创建剪贴蒙版"命令,将该调整图层创建为剪贴蒙版,效果如图 5-148 所示。

图 5-146 修补局部图像

图 5-147 设置相关选项

图 5-148 应用"色相/饱和度"调整后的效果

07 单击"图层"面板上的"创建新的填充或调整图层"按钮,在弹出的菜单中选择"色阶"选项,打开"属性"面板,对相关选项进行设置,如图 5-149 所示。执行"图层→创建剪贴蒙版"命令,将该调整图层创建为剪贴蒙版,最终效果如图 5-150 所示。

图 5-149 设置"色阶"选项

图 5-150 最终效果

> **实战：使灰暗的图像变清晰**
>
> 源文件：源文件 \ 第 5 章 \ 5-4-3.psd　　视频：视频 \ 第 5 章 \ 5-4-3.mp4

视频

01 执行"文件→打开"命令，打开商品图像"源文件 \ 第 5 章 \ 素材 \54301.jpg"，效果如图 5-151 所示，单击"图层"面板上的"创建新的填充或调整图层"按钮，在弹出的菜单中选择"色阶"选项，打开"属性"面板，如图 5-152 所示。

提示 ▶ 通过直方图可以发现，图像的亮部和暗部都有所缺失，特别是亮部缺失较多，使得图像显得灰暗。

图 5-151　打开墨镜商品图像　　　图 5-152　查看图像直方图

02 在"属性"面板中向左拖曳高光滑块，可以将整个图像画面调亮，效果如图 5-153 所示。向右拖曳阴影滑块，增强图像明暗对比度，使图像变得更加清晰，效果如图 5-154 所示。

图 5-153　拖曳高光滑块调整图像　　　　　　图 5-154　拖曳阴影滑块调整图像

03 为了增加整个画面的层次感，可以适当地对图像的对比度进行调整，单击"图层"面板上的"创建新的填充或调整图层"按钮，在弹出的菜单中选择"亮度 / 对比度"选项，打开"属性"面板，设置如图 5-155 所示。设置"亮度 / 对比度"选项调整图层，图像最终效果如图 5-156 所示。

图 5-155　设置"亮度 / 对比度"选项　　　　图 5-156　图像最终效果

◎ **技术看板** 获得图像最佳对比度

"色阶"的阴影和高光滑块越靠近直方图中央，图像的对比度越强，但也越容易丢失细节。如果将滑块精确地定位在直方图的起点和终点上，就可以在保持图像细节不会丢失的基础上获得最佳的对比度。

5.5 曲线

"曲线"命令也是用来调整图像色彩与色调的，它比"色阶"的功能更加强大，色阶只有3个调整功能，白场、黑场和灰度系数，而"曲线"命令允许在图像的整个色调范围内（从阴影到高光）最多调整16个点。在所有的调整工具中，曲线可以提供最为精确的调整结果。

5.5.1 曲线调整原理

打开素材图像"源文件\第5章\素材\55101.jpg"，效果如图5-157所示。执行"图像→调整→曲线"命令，弹出"曲线"对话框，如图5-158所示。

图5-157 打开男鞋广告素材图像

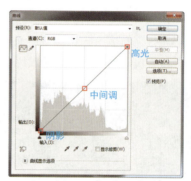

图5-158 "曲线"对话框

在"曲线"对话框中，水平的渐变颜色条为输入色阶，它代表了像素的原始强度值，垂直的渐变颜色条为输出色阶，它代表了调整曲线后像素的强度值。调整曲线以前，这两个数值是相同的。我们在曲线上单击，添加一个控制点，当我们向上拖曳该点时，在输入色阶中可以看到图像中正在被调整的色调（色阶100），在输出色阶中可以看到被调整后的色调（色阶155），如图5-159所示。因此，图像就会变亮，如图5-160所示。

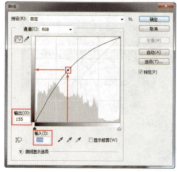

图5-159 添加控制点并向上拖曳

图5-160 通过"曲线"调亮图像

如果向下移动控制点，Photoshop 会将所调整的色调映射为更深的色调（将色阶 160 映射为色阶 100），如图 5-161 所示。图像也会因此而变暗，如图 5-162 所示。

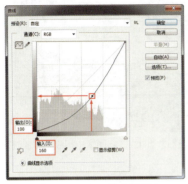 

图 5-161　向下拖曳控制点　　　　　　图 5-162　通过"曲线"调暗图像

如果沿水平方向向右拖曳左下角的控制点，如图 5-163 所示。可以将输入色阶中该点左侧的所有灰色都映射为黑色，图像效果如图 5-164 所示。

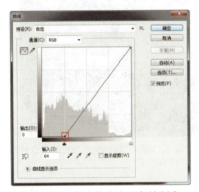 

图 5-163　向右拖曳左下角控制点　　　图 5-164　通过"曲线"将图像中相应的颜色映射为黑色

如果沿水平方向向左拖曳右上角的控制点，如图 5-165 所示。可以将输入色阶中该点右侧的所有灰色都映射为白色，图像效果如图 5-166 所示。

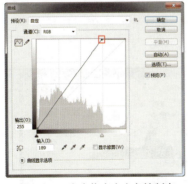 

图 5-165　向左拖曳右上角控制点　　　图 5-166　通过"曲线"将图像中相应的颜色映射为白色

如果沿垂直方向向上拖曳左下角的控制点，如图 5-167 所示。可以将图像中的黑色映射为该点所对应的输出色阶中的灰色，图像效果如图 5-168 所示。

125

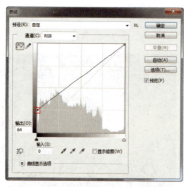 

图 5-167　向上拖曳左下角控制点　　图 5-168　通过"曲线"将图像中相应的黑色映射为灰色

如果沿垂直方向向下拖曳右上角的控制点，如图 5-169 所示。可以将图像中的白色映射为该点所对应的输出色阶中的灰色，图像效果如图 5-170 所示。

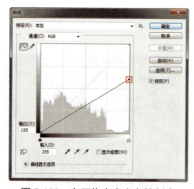 

图 5-169　向下拖曳右上角控制点　　图 5-170　通过"曲线"将图像中相应的白色映射为灰色

5.5.2　曲线调整与色阶调整的区别

曲线上面有两个预设的控制点即"阴影"和"高光"，"阴影"可以调整图像中的阴影区域，它相当于"色阶"中的阴影滑块；"高光"可以调整图像的高光区域，它相当于"色阶"中的高光滑块，如图 5-171 所示。

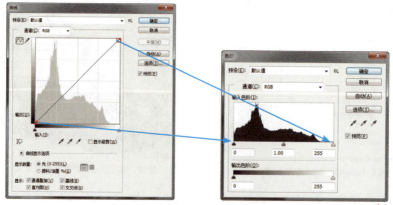

图 5-171　曲线中的阴影和高光控制点

如果在曲线的中央（1/2 处）单击添加一个控制点，该点则可以调整图像的中间调，它相当于"色阶"的中间调滑块，如图 5-172 所示。

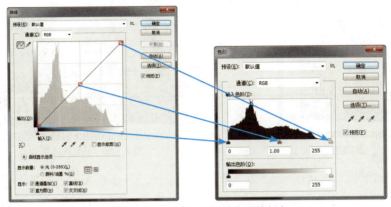

图 5-172　在曲线中添加中间调控制点

曲线上最多可以有 16 个控制点，也就是说，它能够把整个色调范围（0 ～ 255）分成 15 段来调整，因此，对于色调的控制非常精确。然而，色阶只有 3 个滑块，它只能分三段（阴影、中间调、高光）调整色阶。因此，曲线对于色调的控制可以做到更加精确，它可以调整一定色调区域内的像素，而不影响其他像素，色阶是无法做到这一点的，这也是曲线的强大之处。

> **实战：使用"曲线"使商品图像色彩更艳丽**
> 源文件：源文件\第 5 章\5-5-2.psd　　视频：视频\第 5 章\5-5-2.mp4

视频

01 打开商品图像"源文件\第 5 章\素材\55201.jpg"，效果如图 5-173 所示。使用"魔棒工具"，在选项栏中对相关选项进行设置，在图像的白色背景上单击，创建背景部分的选区，如图 5-174 所示。

图 5-173　打开女包商品图像

图 5-174　创建白色背景选区

02 执行"选择→反向"命令，反向选择选区，得到商品选区，如图 5-175 所示。按快捷键 Ctrl+J，复制选区中的图像得到"图层 1"，将"背景"图层隐藏，效果如图 5-176 所示。

图 5-175　反向选择选区

图 5-176　抠取商品图像

03 打开素材图像"源文件 \ 第 5 章 \ 素材 \55202.psd",效果如图 5-177 所示。将抠取出来的商品图像拖入到该文件中,并调整到合适的大小和位置,效果如图 5-178 所示。

图 5-177　打开素材图像

图 5-178　将抠取的商品图像拖入素材图像中

04 使用"锐化工具",在选项栏中对相关选项进行设置,在商品图像上进行涂抹,使商品的细节更加清晰,如图 5-179 所示。新建图层,使用"画笔工具",设置"前景色"为白色,在选项栏中进行设置,在商品图像中合适的位置进行涂抹,如图 5-180 所示。

图 5-179　锐化商品细节

图 5-180　涂抹绘制

05 设置"图层 6"的"混合模式"为"柔光",执行"图层→创建剪贴蒙版"命令,将该图层创建为剪贴蒙版,效果如图 5-181 所示。添加"色阶"调整图层,在"属性"面板中对色阶进行调整,如图 5-182 所示。

06 完成"色阶"调整图层的设置,执行"图层→创建剪贴蒙版"命令,将该图层创建为剪贴蒙版,效果如图 5-183 所示。添加"曲线"调整图层,在"属性"面板中对曲线进行调整,如图 5-184 所示。

图 5-181 设置"柔光"混合模式的效果

图 5-182 设置"色阶"选项

图 5-183 应用"色阶"调整的效果

图 5-184 设置"曲线"选项

07 完成"曲线"调整图层的设置,执行"图层→创建剪贴蒙版"命令,创建剪贴蒙版,效果如图 5-185 所示。新建图层,使用"椭圆选框工具",在选项栏中设置"羽化"为 20 像素,在画布中绘制一个椭圆形选区,为选区填充黑色,如图 5-186 所示。

图 5-185 应用"曲线"调整的效果

图 5-186 绘制选区并填充黑色

08 按快捷键 Ctrl+D,取消选区,按快捷键 Ctrl+T,显示自由变换框,调整该图形到合适的大小、位置和角度,如图 5-187 所示。按 Enter 键,确认对图像的变换处理,复制"图层 8"得到"图层 8 副本"图层,加强商品图像的阴影效果,如图 5-188 所示。

09 复制"包"图层组得到"包 副本"图层组,按快捷键 Ctrl+T,将复制得到的图像等比例缩小并调整到合适的位置,如图 5-189 所示。添加"色相/饱和度"调整图层,在"属性"面板中对相关选项进行设置,如图 5-190 所示。

图 5-187 调整到合适的大小和位置

图 5-188 加强阴影效果

图 5-189 复制图像并调整

图 5-190 设置"色相/饱和度"选项

10 完成"色相/饱和度"调整图层的设置,执行"图层→创建剪贴蒙版"命令,将该图层创建为剪贴蒙版,最终效果如图 5-191 所示。

图 5-191 最终效果

5.6 本章小结

本章系统介绍了 Photoshop 中的各种基本调色功能,重点讲解了"调整"命令子菜单中各种图像调整命令的功能和使用方法。通过本章内容的学习,读者需要能够理解各图像调整命令的功能和作用,并且能够在图像处理过程中灵活地运用这些图像调整命令对图像色彩进行调整。

第 6 章 图像艺术效果——绘制图形

在 Photoshop 中提供了多种绘画工具，通过绘画工具可以在图像中绘制出艺术图形，美化商品图像的表现效果，还可以通过颜色替换工具改变图像中的局部颜色。在本章主要介绍了 Photoshop 中的颜色填充工具和命令、基本绘画工具、形状工具和钢笔工具的使用方法，并且通过案例的制作练习，使读者掌握使用绘画工具美化商品图像的方法和技巧。

6.1 填充与描边操作

在 Photoshop 中提供了多种绘图工具，这就不可避免地要对颜色进行选择设置，本节将向读者介绍颜色填充工具以及填充和描边操作方法。

6.1.1 使用"油漆桶工具"

使用"油漆桶工具"，可以在选区、路径和图层内的区域填充指定的颜色和图案。单击工具箱中的"油漆桶工具"按钮 ，可在选项栏上对"油漆桶工具"的相关参数进行设置，如图 6-1 所示。

图 6-1 "油漆桶工具"选项栏

> **提示** 如果在图像中创建了选区，使用"油漆桶工具"填充的区域为所选的区域。如果在图像中没有创建选区，使用此工具则会填充光标单击处像素相似的、相邻像素的区域。

实战：修改商品图像背景颜色

源文件：源文件\第 6 章\6-1-1.psd　　视频：视频\第 6 章\6-1-1.mp4

视频

01 打开素材图像"源文件\第 6 章\素材\61101.jpg"，效果如图 6-2 所示。复制"背景"图层，得到"背景 副本"图层。使用"油漆桶工具"，单击工具箱中的"前景色"图标，在弹出的"拾色器"对话框中设置前景色为 RGB（255，227，226），如图 6-3 所示。

02 单击"确定"按钮，在选项栏中对相关选项进行设置，在图像的背景部分单击，可以看到图像背景颜色的效果，如图 6-4 所示。使用相同的操作方法，在图像背景不连续的区域分别单击，完成该商品图像背景颜色的调整，效果如图 6-5 所示。

图6-2 打开女包素材图像

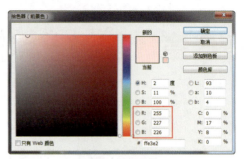
图6-3 复制图层

> **提示** 在"选项"栏上设置"模式"为"颜色",这样在填充颜色时,不会破坏图像中原有的阴影和细节。

图6-4 在图像背景上单击填充颜色

图6-5 最终效果

◎ **疑问解答** 如何修改复杂背景颜色?

在该案例中是使用"油漆桶工具"直接修改背景颜色,并没有创建任何选区,这种方式只适用于相似的颜色区域。如果商品图像的背景颜色比较复杂,则不适合使用这种方法,可以创建出背景部分的选区,再为选区填充相应的颜色。

6.1.2 使用"填充"命令

除了可以使用"油漆桶工具"进行填充外,还可以使用"填充"命令进行填充操作。执行"编辑→填充"命令,弹出"填充"对话框,如图6-6所示。在该对话框中,可以对当前图层进行不同方式的颜色填充,并且在填充的同时还可以对混合模式及不透明度进行设置。

图6-6 "填充"对话框

视频

⬇ **实战:为商品图像添加水印**

源文件:源文件\第6章\6-1-2.psd　　视频:视频\第6章\6-1-2.mp4

01 打开商品图像"源文件\第6章\素材\61201.jpg",效果如图6-7所示。需要为该商品图像添加水印效果。设置"背景色"为黑色，执行"文件→新建"命令，弹出"新建"对话框，设置如图6-8所示，单击"确定"按钮，新建一个空白文件。

图6-7 打开手表商品图像

图6-8 "新建"对话框

02 新建"图层1"，使用"单行选框工具"，在画布中单击创建单行选区，设置"前景色"为白色，按快捷键Alt+Delete，为选区填充前景色，如图6-9所示。按快捷键Ctrl+D，取消选区，按快捷键Ctrl+T，对图形进行旋转操作，并调整至合适的大小和位置，效果如图6-10所示。

03 按Enter键，确认对图形的变换操作。复制"图层1"，得到"图层1 副本"图层，执行"编辑→变换→水平翻转"命令，将复制得到的图形水平翻转，如图6-11所示。使用"横排文字工具"，在画布中单击并输入文字，如图6-12所示。

图6-9 为选区填充颜色

图6-10 调整直线图形

图6-11 复制图形并翻转

图6-12 输入文字

04 使用"矩形选框工具"，在画布中绘制一个矩形选区，如图6-13所示。分别选择"图层1"和"图层1 副本"图层，并分别按Delete键，删除不需要的图形，效果如图6-14所示。

05 将除"背景"图层以外的所有图形合并，设置该图层的"不透明度"为40%，效果如图6-15所示。将"背景"图层删除，效果如图6-16所示。

图6-13 绘制矩形选区

图6-14 删除选区中图形

图6-15 设置不透明度

图6-16 删除背景

06 执行"编辑→定义图案"命令，在弹出的对话框中进行设置，如图6-17所示，单击"确定"按钮，将其定义为图案。返回商品图像中，新建"图层1"，执行"编辑→填充"命令，弹出"填充"对话框，在"使用"下拉列表中选择"图案"选项，在"自定图案"下拉列表中选择刚定义的图案，如图6-18所示。

图 6-17 "图案名称"对话框　　　　　图 6-18 "填充"对话框

07 在"填充"对话框中对其他选项进行设置,如图 6-19 所示。单击"确定"按钮,使用自定义的图案填充画布,实现为商品图像添加水印的效果,如图 6-20 所示。

图 6-19 设置参数　　　　　图 6-20 为商品图像添加水印的效果

6.1.3 使用"描边"命令

使用"填充"命令可以为图像或选区等填充颜色或图案,使用"描边"命令,则可以为图像或选区应用描边的效果。在图像中创建选区,执行"编辑→描边"命令,弹出"描边"对话框,如图 6-21 所示。在该对话框中,可以对描边的宽度、颜色和位置等选项进行设置,从而实现不同的选区描边效果。

图 6-21 "描边"对话框

视频

实战:添加边框突出商品表现

源文件:源文件\第 6 章\6-1-3.psd　　　视频:视频\第 6 章\6-1-3.mp4

01 打开素材图像"源文件\第 6 章\素材\61301.jpg",效果如图 6-22 所示。新建"图层 1",使用"矩形选框工具",在图像中绘制矩形选区,如图 6-23 所示。

图 6-22 打开坤包广告图像　　　　　图 6-23 绘制矩形选区

02 执行"编辑→描边"命令,弹出"描边"对话框,设置如图 6-24 所示。单击"确定"按钮,为选区进行描边处理,按快捷键 Ctrl+D,取消选区,效果如图 6-25 所示。

图 6-24 "描边"对话框　　　　图 6-25 选区描边效果

03 按快捷键 Ctrl+T,调出变换框,将该边框图形调整到合适的大小和位置,并进行适当的旋转处理,效果如图 6-26 所示。按 Enter 键,确认对边框图形的变换处理,使用"橡皮擦工具",将不需要的边框图形擦除,效果如图 6-27 所示。

图 6-26 调整边框图形并旋转　　　图 6-27 擦除部分边框图形

04 完成为商品图像添加边框的操作,最终效果如图 6-28 所示。

图 6-28 最终效果

6.1.4 渐变颜色填充

用"渐变工具"可以创建多种颜色间的逐渐混合,实质上就是在图像中或图像的某一区域中填入一种具有多种颜色过渡的混合色。这个混合色可以是从前景色到背景色的过渡,也可以是前景色与透明背景间的相互过渡或者是与其他颜色的相互过渡。

单击工具箱中的"渐变工具"按钮■,在选项栏上将显示渐变工具的各个选项,如图 6-29 所示。

图 6-29 "渐变工具"选项栏

使用"渐变工具",单击选项栏中的渐变预览条，弹出"渐变编辑器"对话框,在该对话框中可以创建各种不同的渐变颜色效果,如图 6-30 所示。

在"渐变编辑器"对话框的"渐变类型"下拉列表中选择"杂色"选项,则在"渐变编辑器"对话框中会显示杂色渐变选项,如图 6-31 所示。杂色渐变包含了在指定范围内随机分布的颜色,它的颜色变化效果更加丰富。

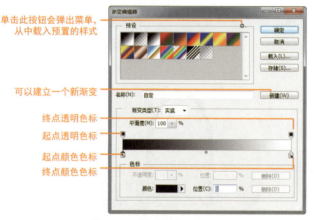

图 6-30 "渐变编辑器"对话框

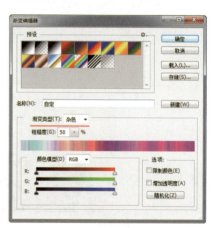

图 6-31 设置"渐变类型"为"杂色"

视频

实战：为商品图像添加渐变背景

源文件：源文件\第 6 章\6-1-4.psd　　视频：视频\第 6 章\6-1-4.mp4

01 打开商品图像"源文件\第 6 章\素材\61401.jpg",效果如图 6-32 所示。使用"魔棒工具",在选项栏上对相关选项进行设置,在图像背景上单击,创建图像背景选区,如图 6-33 所示。

图 6-32 打开香水商品图像

图 6-33 创建背景选区

02 执行"选择→反向"命令,反向选择选区,得到商品图像选区,如图 6-34 所示。按快捷键 Ctrl+J,复制选区图像得到"图层 1",将"背景"图层隐藏,可以看到抠取的图像效果,如图 6-35 所示。

图 6-34 反向选择选区

图 6-35 复制选区图像

03 在"背景"图层上方新建"图层 2",使用"渐变工具",单击选项栏上的渐变预览条,弹出"渐变编辑器"对话框,单击"颜色"选项后的色块,弹出"拾色器(色标颜色)"对话框,设置色标颜色,如图 6-36 所示。单击"确定"按钮,即可完成色标颜色设置,如图 6-37 所示。

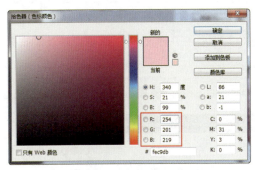
图 6-36 "拾色器"对话框

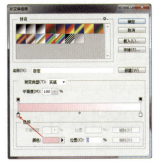
图 6-37 完成色标颜色设置

提示 在"渐变编辑器"对话框中的渐变预览条下方单击可以添加新色标,选择一个色标后,单击"删除"按钮,或者直接将它拖曳到渐变预览条之外,可以删除该色标。选择一个色标并拖曳它,或者在"位置"文本框中输入数值,可以调整色标的位置从而改变渐变色的混合位置。拖曳两个渐变色标之间的菱形图标,可以调整该点两侧颜色的混合位置。

04 使用相同的制作方法,可以为右侧的色标设置颜色,并拖曳色标调整色标的位置,如图 6-38 所示。单击"确定"按钮,完成渐变颜色的设置,单击"选项"栏上的"径向渐变"按钮,在画布中拖曳填充径向渐变,效果如图 6-39 所示。

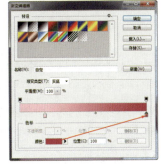
图 6-38 完成渐变颜色设置

图 6-39 填充径向渐变

> **提示** 拖曳在画布中填充渐变颜色时,并不可能一次就能够得到满意的效果,可以多次拖曳进行填充,从而获得较好的渐变填充效果。

6.2 基本绘画工具

Photoshop 中最基本的绘画工具包括"画笔工具"、"铅笔工具"和"颜色替换工具"这 3 种,在本节中将分别对这 3 种基本绘画工具进行介绍。

6.2.1 画笔工具和铅笔工具

使用"画笔工具"可以绘制出比较柔和的前景色线条,类似于真实画笔绘制的线条。通过在"选项"栏中,对"画笔工具"的相关选项进行设置后,使用画笔工具绘制出的图形可以与真实画笔绘制出的图画效果比拟。

单击工具箱中的"画笔工具"按钮,在选项栏中可以对"画笔工具"的相关选项进行设置,如图 6-40 所示。

图 6-40 "画笔工具"选项栏

单击工具箱中的"铅笔工具"按钮,在选项栏中会出现相应的选项,如图 6-41 所示,可以看到除"自动抹除"选项外,其他选项几乎与"画笔工具"选项栏相似。

图 6-41 "铅笔工具"选项栏

◎ **疑问解答** "铅笔工具"与"画笔工具"有什么不同?

"铅笔工具"与"画笔工具"的使用方法大致相似,不同的是"画笔工具"能够绘制出柔和、平滑的线条,而"铅笔工具"绘制出的线条则是硬边的,放大之后边缘还会出现锯齿。

6.2.2 颜色替换工具

使用"颜色替换工具",在画布中涂抹可以用"前景色"快速替换照片中指定的颜色,但该工具不适合用于位图、索引和多通道颜色模式的图像。

单击工具箱中的"颜色替换工具"按钮,在选项栏中会出现相应的选项,如图 6-42 所示,对相关选项进行设置,使替换的颜色和效果更符合自己的要求。

图 6-42 "颜色替换工具"选项栏

> 💡 **实战：快速替换商品图像颜色**
> 源文件：源文件\第 6 章\6-2-2.psd   视频：视频\第 6 章\6-2-2.mp4

视频

01 打开商品图像"源文件\第 6 章\素材\62201.jpg",效果如图 6-43 所示。复制"背景"图层,得到"背景 副本"图层。使用"颜色替换工具",设置"前景色"为 RGB（250,85,45）,在选项栏中对相关选项进行设置,如图 6-44 所示。

图 6-43 打开女包商品图像   图 6-44 设置选项栏

02 在商品图像上单击并拖曳进行涂抹,效果如图 6-45 所示。使用相同的制作方法,将图像放大,对图像的细节部分进行精细涂抹,从而完成商品图像颜色的改变,效果如图 6-46 所示。

图 6-45 在商品图像上涂抹   图 6-46 最终效果

6.2.3 预设画笔样式

单击任意绘画工具,在该工具选项栏中都有"画笔预设"选取器按钮,单击该按钮,在打开的"画笔预设"选取器中可以对画笔笔触的相关选项进行设置或在选取器的下方选择已存在的画笔预设,如图 6-47 所示。单击选取器右上角的按钮,弹出的子菜单如图 6-48 所示。

图 6-47 "画笔预设"选取器

图 6-48 "画笔预设"子菜单

画笔预览方式

管理预设

画笔库

视频

实战：自定义星光画笔

源文件：源文件\第 6 章\6-2-3.psd　　视频：视频\第 6 章\6-2-3.mp4

01 打开素材"源文件\第 6 章\素材\62301.psd",效果如图 6-49 所示。执行"文件→新建"命令，弹出"新建"对话框，设置如图 6-50 所示，单击"确定"按钮，新建一个透明背景的空白文件。

图 6-49 打开护肤品广告素材

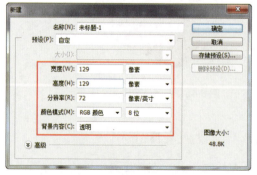

图 6-50 "新建"对话框

02 使用"椭圆选框工具"，按住 Shift 键在画布中绘制正圆形选区，如图 6-51 所示。设置"前

140

景色"为黑色,使用"渐变工具",打开"渐变编辑器"对话框,设置从黑色到透明的渐变颜色,如图 6-52 所示。

图 6-51 绘制正圆形选区

图 6-52 设置渐变颜色

03 单击选项栏上的"径向渐变"按钮,在选区中拖曳填充径向渐变,效果如图 6-53 所示。按快捷键 Ctrl+D,取消选区,按快捷键 Ctrl+T,调出自由变换框,对图形大小进行调整,效果如图 6-54 所示。

04 按快捷键 Ctrl+J,复制当前图层,按快捷键 Ctrl+T,执行变换操作,将图形旋转 90°,如图 6-55 所示。同时选中"图层 1"和"图层 1 副本"图层,复制选中的两个图层,按快捷键 Ctrl+T,将复制得到的图形等比例缩小并进行旋转操作,效果如图 6-56 所示。

图 6-53 填充径向渐变　　图 6-54 调整图形大小　　图 6-55 复制图形并旋转　　图 6-56 复制图形并旋转

05 新建"图层 2",使用"画笔工具",设置"前景色"为黑色,选择柔角笔触在画布中间进行涂抹,效果如图 6-57 所示。执行"编辑→定义画笔预设"命令,弹出"画笔名称"对话框,设置如图 6-58 所示,单击"确定"按钮,创建自定义画笔。

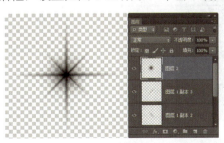

图 6-57 使用画笔涂抹

图 6-58 "画笔名称"对话框

06 返回素材文件中,在"产品"图层组上方新建"图层 5",设置"前景色"为白色,在选项栏中打开"画笔预设"选取器，选择刚定义的画笔，并设置笔触大小，如图 6-59 所示。在图像中合适的位置单击，即可绘制出自定义的星光画笔效果，如图 6-60 所示。

07 使用相同的制作方法，可以在图像中不同的位置，设置不同的画笔大小绘制出不同大小的星光效果，如图 6-61 所示。

图 6-59　选择自定义画笔

图 6-60　绘制星光画笔效果

图 6-61　最终星光画笔效果

☆**技巧**☆ 在使用"画笔工具"进行绘制的过程中，按键盘上的 [或] 键可以减小或增加画笔的直径；按 Shift-（或 Shift+）键可以减少或增加具有柔边、实边的圆或书画笔的硬度；按主键盘区域和小键盘区域的数字键可以调整画笔工具的不透明度；按住 Shift+ 主键盘区域的数字键可以调整画笔工具流量。

6.2.4　认识"画笔"面板

在"画笔"面板中提供了多种可以对画笔工具进行设置的选项，通过这些选项，可以对画笔的笔触、样式进行设置。单击画笔工具选项栏中的"切换画笔面板"按钮 或是执行"窗口→画笔"命令，打开"画笔"面板，如图 6-62 所示。

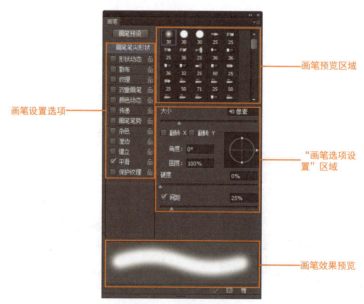
图 6-62　"画笔"面板

142

实战：为商品图像添加璀璨星光

源文件：源文件\第6章\6-2-4.psd　　视频：视频\第6章\6-2-4.mp4

视频

01 打开商品图像"源文件\第6章\素材\62401.jpg"，效果如图6-63所示。使用"魔棒工具"，在选项栏上对相关选项进行设置，在图像背景上单击创建背景部分选区，如图6-64所示。

图6-63　打开钻戒商品图像　　　　　　　图6-64　创建背景部分选区

02 执行"选择→反向"命令，反向选择选区，得到商品图像选区，如图6-65所示。按快捷键Ctrl+C，复制选区中的商品图像。打开素材文件"源文件\第6章\素材\62403.psd"，效果如图6-66所示。

图6-65　反向选择选区　　　　　　　　图6-66　打开广告背景素材

03 按快捷键Ctrl+V，粘贴图像，调整图像到合适的大小和位置，如图6-67所示。新建"图层4"，使用"画笔工具"，设置"前景色"为黑色，在选项栏上进行设置，如图6-68所示。

图6-67　粘贴抠取的商品图像　　　　　　图6-68　设置选项栏

04 在画布中需要显示商品阴影的位置进行涂抹，如图6-69所示。将"图层4"移至"图层3"

143

下方，可以看到为商品图像所添加的阴影效果，如图6-70所示。

图6-69 使用画笔涂抹

图6-70 调整图层叠放顺序

05 使用相同的制作方法，可以抠取出其他商品图像并拖入该素材中并制作出商品图像的阴影，效果如图6-71所示。

图6-71 抠取其他商品图像并复制到素材中

06 使用"画笔工具"，打开"画笔"面板，选择之前自定义的星光画笔，对相关选项进行设置，如图6-72所示。选中"形状动态"复选框，对相关选项进行设置，如图6-73所示。

07 选中"散布"复选框，对相关选项进行设置，如图6-74所示。选中"传递"复选框，对相关选项进行设置，如图6-75所示。

图6-72 选择画笔　　图6-73 设置"形状动态"　　图6-74 设置"散布"　　图6-75 设置"传递"

08 完成"画笔"面板中的设置，新建"图层7"，设置"前景色"为RGB（255，255，195），在图像中合适的位置拖曳绘制出大小、形态、方向各异的星光效果，如图6-76所示。

图 6-76 绘制星光画笔效果

6.3 使用形状工具

在 Photoshop 形状工具组中提供了 6 种形状工具，包括"矩形工具""圆角矩形工具""椭圆工具""多边形工具""直线工具"和"自定形状工具"，通过使用这些工具能够绘制出规则的几何图形。

6.3.1 矩形工具

使用"矩形工具"可以绘制出矩形。单击工具箱中的"矩形工具"按钮，在选项栏中会出现相应的选项，如图 6-77 所示，用户可以根据需要在其选项栏中进一步进行设置。

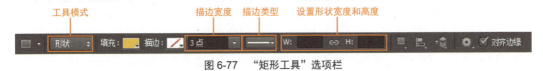

图 6-77 "矩形工具"选项栏

在"工具模式"选项下拉列表中可以设置绘制图形时的模式，包括形状、路径、像素 3 种模式。如果选择"形状"模式，可以绘制矢量形状图形，并自动创建形状图层；如果选择"路径"模式，可以在当前图层中创建一个工作路径，当选择"路径"模式时，选项栏中的选项将发生变化；如果选择"像素"模式，则可以在当前图层中绘制填充区域。

6.3.2 圆角矩形工具

使用"圆角矩形工具"可以绘制出圆角矩形形状。单击工具箱中的"圆角矩形工具"按钮，在选项栏中出现相应的选项，如图 6-78 所示，可以看到其选项与"矩形工具"的选项基本相同，只是多了一个"半径"选项，该选项用于设置所绘制圆角矩形的圆角半径。

图 6-78 "圆角矩形工具"选项栏

> **实战：绘制图形突出主题内容**
>
> 源文件：源文件\第 6 章\6-3-2.psd　　视频：视频\第 6 章\6-3-2.mp4

01 打开素材图像"源文件\第 6 章\素材\63201.jpg"，效果如图 6-79 所示。使用"矩形工具"，在选项栏中设置"填充"为无，"描边"为 RGB（0，120，120），"描边宽度"为 8 点，其他设置如图 6-80 所示。

视频

图 6-79　打开女装广告素材

图 6-80　设置选项栏

02 在图像中拖曳，绘制一个矩形边框，如图 6-81 所示。使用"横排文字工具"，在"字符"面板中对相关选项进行设置，在画布中单击并输入文字，如图 6-82 所示。

图 6-81　绘制矩形边框

图 6-82　输入文字 1

03 使用"横排文字工具"，在"字符"面板中对相关选项进行设置，在画布中单击并输入文字，如图 6-83 所示。使用"圆角矩形工具"，在选项栏中设置"填充"为 RGB（255，235，0），"描边"为无，"半径"为 20 像素，在画布中拖曳绘制圆角矩形，如图 6-84 所示。

图 6-83　输出文字

图 6-84　绘制圆角矩形

04 使用"横排文字工具"，在画布中单击并输入文字，如图 6-85 所示。选择"矩形 1"图层，按快捷键 Ctrl+T，显示自由变换框，将该矩形边框调整到合适的大小，最终效果如图 6-86 所示。

图 6-85　输入文字 2

图 6-86　最终效果

6.3.3 椭圆工具

使用"椭圆工具"可以绘制椭圆形和正圆形。单击工具箱中的"椭圆工具"按钮，在画布中单击并拖曳鼠标即可绘制椭圆形。图 6-87 所示为"椭圆工具"的选项栏，它的设置选项与"矩形工具"的设置选项相同。

图 6-87　"椭圆工具"选项栏

☆技巧☆使用"椭圆工具"或"矩形工具"绘制图形时，如果拖曳鼠标的同时按住 Shift 键，则可以绘制圆形或正方形；如果按住 Alt 键不放，将以单击点为中心向四周绘制椭圆形或矩形；如果同时按住 Alt+Shift 键不放，则将以单击点为中心向四周绘制圆形或正方形。

实战：设计圆形标签

源文件：源文件 \ 第 6 章 \ 6-3-3.psd　　视频：视频 \ 第 6 章 \ 6-3-3.mp4

01 打开素材图像"源文件 \ 第 6 章 \ 素材 \ 63301.jpg"，效果如图 6-88 所示。使用"椭圆工具"，在选项栏中设置"填充"为 RGB（250，165，0），其他设置如图 6-89 所示。

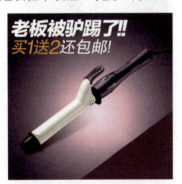

图 6-88　打开美发产品广告素材

图 6-89　设置选项栏

02 按住 Shift 键在图像中拖曳，绘制圆形 1，如图 6-90 所示。新建图层，使用"椭圆工具"，在选项栏中设置"填充"为无，"描边"为白色，"描边粗细"为 1 点，"描边类型"为虚线，按住 Shift 键在图像中拖曳，绘制圆形 2，如图 6-91 所示。

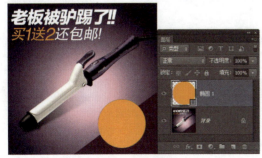

图 6-90　绘制圆形 1

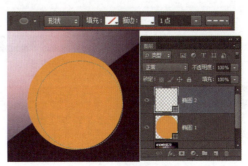

图 6-91　绘制圆形 2

03 同时选中"椭圆 1"和"椭圆 2"图层,在选项栏中单击"垂直居中对齐"按钮■和"水平居中对齐"按钮■,将这两个圆形对齐,如图 6-92 所示。使用"横排文字工具",在画布中单击并输入文字,如图 6-93 所示。

图 6-92　对齐两个圆形　　　　　　　图 6-93　输入文字

04 使用"横排文字工具",选中刚输入的文字,在"字符"面板中进行设置,效果如图 6-94 所示。使用相同的制作方法,输入其他文字,完成圆形标签的绘制,效果如图 6-95 所示。

图 6-94　设置字本大小　　　　　　　图 6-95　最终效果

6.3.4　多边形工具

使用"多边形工具"可以绘制三角形、六边形等形状。单击工具箱中的"多边形工具"按钮■,在画布中单击并拖曳鼠标即可按照预设的选项绘制多边形和星形。"多边形工具"选项栏如图 6-96 所示。单击选项栏中的"设置"按钮■,打开"多边形选项"面板,如图 6-97 所示。

图 6-96　"多边形工具"选项栏　　　　图 6-97　多边形选项

实战:设计多角星形标签

源文件:源文件\第 6 章\6-3-4.psd　　视频:视频\第 6 章\6-3-4.mp4

01 打开素材图像"源文件\第 6 章\素材\63401.jpg",效果如图 6-98 所示。使用"多边形工具",在选项栏中设置"填充"为黄色,"描边"为无,"边"为 30,单击"设置"按钮■,打开"多边形选项"面板，设置如图 6-99 所示。

图 6-98　打开小家电广告素材

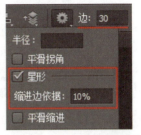

图 6-99　设置"多边形选项"

02 按住 Shift 键在图像中拖曳，绘制一个多角星形，如图 6-100 所示。按住 Ctrl 键单击"多边形 1"图层缩览图，载入该图层选区，如图 6-101 所示。

图 6-100　绘制多角星形

图 6-101　载入选区

03 新建"图层 1"，使用"渐变工具"，打开"渐变编辑器"对话框，设置渐变颜色，如图 6-102 所示。单击"确定"按钮，完成渐变颜色的设置，单击选项栏上的"径向渐变"按钮，在选区中拖曳填充径向渐变，效果如图 6-103 所示。

图 6-102　设置渐变颜色

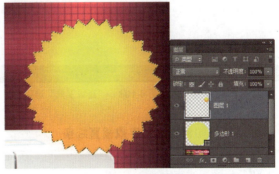

图 6-103　填充径向渐变

04 执行"编辑→描边"命令，弹出"描边"对话框，设置如图 6-104 所示。单击"确定"按钮，完成"描边"对话框的设置，为选区进行描边，按快捷键 Ctrl+D，取消选区，效果如图 6-105 所示。

图 6-104 "描边"对话框

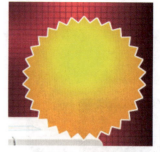

图 6-105 描边效果

05 使用"横排文字工具",在画布中单击并输入文字,如图 6-106 所示。选择文字图层,按快捷键 Ctrl+T,显示自由变换框,对文字进行旋转处理,最终效果如图 6-107 所示。

图 6-106 输入文字

图 6-107 最终效果

6.3.5 直线工具

使用"直线工具"可以绘制粗细不同的直线和带有箭头的线段。单击工具箱中的"直线工具"按钮,在画布中单击并拖曳鼠标即可绘制直线或线段。图 6-108 所示为"直线工具"选项栏,单击选项栏中的"设置"按钮,打开"箭头选项"面板,如图 6-109 所示。

图 6-108 "直线工具"选项栏   图 6-109 箭头选项

◎ **技术看板**　如何绘制水平或垂直线条

使用"直线工具"在画布中绘制直线或线段时,按住 Shift 键的同时拖曳鼠标,可以绘制水平、垂直或以 45°为增量的直线。

6.3.6 自定形状工具

使用"自定形状工具"可以为图像添加自定形状的图形或系统自带的形状图形效果,单击工具箱中的"自定形状工具"按钮 ，在选项栏上会出现相应的选项，如图 6-110 所示，在其选项栏上的"形状"面板中包括许多形状，如图 6-111 所示，单击任意形状在图像上拖曳即可绘制该形状的图形。

图 6-110　"自定形状工具"选项栏　　　　　　　　图 6-111　"形状"面板

> **提示** ▶▶　除了可以使用系统提供的形状外，在 Photoshop 中还可以将自己绘制的路径图形创建为自定形状。只需要将自己绘制的路径图形选中，执行"编辑→定义自定形状"命令，即可将其保存为自定形状。

◎ **疑问解答**　**在绘制形状图形时如何移动图形？**

在使用各种形状工具绘制矩形、椭圆形、多边形、直线和自定形状时，在绘制形状的过程中按住键盘上的空格键可以移动形状的位置。

6.4　路径的创建与编辑

Photoshop 提供了创建与编辑路径的工具，使用这些工具可以自由地在图像中绘制各种不同形状的图形效果，其中创建路径的工具主要有"钢笔工具"和"自由钢笔工具"；编辑路径的工具主要有"添加锚点工具""删除锚点工具"和"转换锚点工具"，下面就上述工具具体讲解。

●●● 6.4.1　钢笔工具

使用"钢笔工具"，通过单击并拖曳可以绘制直线、曲线等路径效果，单击工具箱中的"钢笔工具"按钮 ，在选项栏中可以对相关选项进行设置，如图 6-112 所示。

图 6-112　"钢笔工具"选项栏

在选项栏的"建立"选项区中单击不同的按钮，可以将绘制的路径转换为不同的对象类型。

单击"选区"按钮，弹出"建立选区"对话框，如图 6-113 所示。在该对话框中可以设置选区的创建方式及羽化方式，如果在该对话框中选中"新建选区"选项，单击"确定"按钮，可以将当前路径转换为一个新选区，如图 6-114 所示。

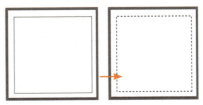

图 6-113　"建立选区"对话框　　　　　　图 6-114　将路径转换为选区

单击"蒙版"按钮，可以沿当前路径创建矢量蒙版，如图 6-115 所示。如果当前图层为"背景"图层，则该按钮不可用，因为"背景"图层不允许添加蒙版。

单击"形状"按钮，可以沿当前路径创建形状图层并为该形状图形填充前景色，如图 6-116 所示。

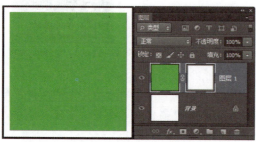 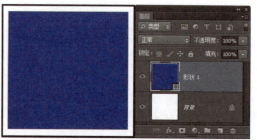

图 6-115　沿路径创建蒙版　　　　　　　　图 6-116　沿路径创建形状图形

6.4.2　"钢笔工具"的使用技巧

在使用"钢笔工具"时，光标在路径和锚点上会有不同的显示状态，通过对光标的观察，可以判断钢笔工具此时的功能，从而更加灵活地使用钢笔工具。

当光标在画布中显示为 形状时，单击可创建一个角点；单击并拖曳可以创建一个平滑点。

在选项栏上选中"自动添加/删除"选项后，当光标在路径上变为 形状时单击，可在路径上添加锚点；当光标在锚点上变为 形状时，单击可删除该锚点。

在画布上绘制路径的过程中，将光标移至路径起始的锚点上，光标会变为 形状，此时单击可闭合路径。

选择一个开放式路径，将光标移至该路径的一个端点上，光标变为 状时单击，然后可以继续绘制该路径，如果在绘制路径的过程中，将光标移至另外一条开放路径的端点上，光标变为 状时单击，可以将这两段开放式路径连接成一条路径。

"钢笔工具"可以绘制出精确的直线和平滑流畅的曲线，所以它能精确勾勒出图像的轮廓，选择所需的图像。

实战：使用"钢笔工具"抠取商品图像

源文件：源文件\第 6 章\6-4-2.psd　　　　视频：视频\第 6 章\6-4-2.mp4

01 打开商品图像"源文件\第 6 章\素材\64201.jpg"，效果如图 6-117 所示。单击工具箱中的"钢笔工具"按钮 ，在选项栏上的"工具模式"下拉列表中选择"路径"选项，在画布中单击即可创建一个锚点，如图 6-118 所示。

02 将光标移至下一处位置单击，两个锚点会连接成一条由角点定义的直线路径，如图 6-119 所示。光标移至第 3 个需要创建锚点的位置，在画布中单击并拖曳鼠标创建一个平滑点，从而生成曲线路径，如图 6-120 所示。

图 6-117　打开化妆品图像

图 6-118　创建第 1 个锚点

图 6-119　创建第 2 个锚点

图 6-120　创建一个平滑锚点

03 按住 Alt 键，将"钢笔工具"临时切换为"转换点工具"，使用"转换点工具"拖曳平滑点一端的方向线，可以调整该端曲线的形状，使其与产品边缘更加贴合，如图 6-121 所示。继续使用"钢笔工具"沿商品图像的边缘绘制路径，将光标移至路径起点位置，光标指针变为 ◊。形状，如图 6-122 所示。

图 6-121　调整路径曲线

图 6-122　继续绘制路径

◎ **技术看板**　"钢笔工具"与其他工具的切换

在使用"钢笔工具"绘制路径的过程中，如果按住 Ctrl 键，可以将正在使用的"钢笔工具"临时切换为"直接选择工具"；如果按住 Alt 键，可以将正在使用的"钢笔工具"临时切换为"转换点工具"。

提示　在绘制曲线路径的过程中调整方向线时，按住 Shift 键拖曳可以将方向线的方向控制在水平、垂直或以 45° 为增量的角度上。

04 单击即可闭合路径，完成整个商品图像路径的创建，如图 6-123 所示。按快捷键 Ctrl+Enter，将路径转换为选区，得到商品图像选区，如图 6-124 所示。

图 6-123　完成路径绘制

图 6-124　将路径转换为选区

05 按快捷键 Ctrl+J，复制选区图像得到"图层 1"，将"背景"图层隐藏，可以看到抠取出来的商品图像效果，如图 6-125 所示。打开素材"源文件 \ 第 6 章 \ 素材 \64202.psd"，将拖取的商品图像拖入素材中，并调整到合适的大小和位置，效果如图 6-126 所示。

图 6-125　抠取商品图像

图 6-126　最终效果

● 6.4.3　选择路径与锚点

在 Photoshop 中，绘制路径后，通常使用"路径选择工具" 或"直接选择工具" 对路径进行选择，但使用它们选择路径的效果是不一样的。

打开素材图像"源文件 \ 第 6 章 \ 素材 \64301.jpg"，在画布中绘制路径，如图 6-127 所示。使用"路径选择工具"选择路径后，被选中的路径以实心点的方式显示各锚点，表示此时已选中整个路径，如图 6-128 所示；如果使用"直接选择工具"选择路径，则被选中的路径以空心点的方式显示各锚点，如图 6-129 所示。

图 6-127　绘制路径

图 6-128　使用"路径选择工具"显示实心锚点

图 6-129　使用"直接选择工具"显示空心锚点

☆**技巧**☆ 使用"路径选择工具"选取路径，不需要在路径线上单击，只需要移动鼠标指针在路径内的任意区域单击即可，该工具主要是方便选择和移动整个路径；而"直接选择工具"则必须移动鼠标指针在路径线上单击，才可选中路径，并且不会自动选中路径中的各个锚点。

如果需要选择路径上的单个锚点，则需要使用"直接选择工具"在需要选择的锚点上单击，即可移过该锚点，被选中的锚点显示为实心小方块，没有被选中的锚点显示为空心小方块，如图 6-130 所示。如果需要同时选择多个锚点，可以使用"直接选择工具"，按住 Shift 键的同时依次单击需要选择的多个锚点，即可多个锚点同时选中，如图 6-131 所示。

使用"路径选择工具"与"直接选择工具"都能够移动路径。使用"路径选择工具"，可以将光标对准路径本身或路径内部，按下鼠标左键不放，所选路径就可以随着鼠标指针一起向目标位置移动，如图 6-132 所示。

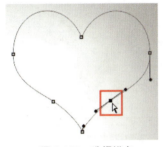 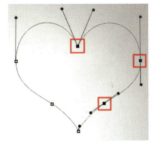 

图 6-130　选择锚点　　　　　图 6-131　选择多个锚点　　　　　图 6-132　移动路径

◎ **疑问解答**　**如何控制在水平或垂直方向上移动路径？**

在移动路径的操作中，不论使用的是"路径选择工具"或是"直接选择工具"，只要在移动路径的同时按住 Shift 键，就可以在水平、垂直或者 45°方向上移动路径。

6.4.4 添加和删除锚点

根据绘制图形的需要，可以在路径上添加或者删除锚点，使绘制的路径更加平滑美观。

单击工具箱中的"添加锚点工具"按钮，将光标放置于路径上，当光标变为形状时，单击即可添加一个锚点，如图 6-133 所示。如果单击并拖曳，可以添加一个平滑点。

单击工具箱中的"删除锚点工具"按钮，将光标放在锚点上，当光标变为形状时，单击即可删除该锚点，如图 6-134 所示。

图 6-133　添加锚点操作　　　　　　　　图 6-134　删除锚点操作

除了可以使用"删除锚点工具"删除锚点外，还可以使用"直接选择工具"选择锚点后，按 Delete 键将其删除，但该锚点两侧的路径段也会同时删除；如果路径为闭合式路径，则会变为开放式路径。

6.4.5 转换锚点

锚点可以分为角点和平滑点，这两种锚点所连接的分别是直线和曲线，使用"转换点工具"可以对锚点进行调整，进而快速调整路径的外形，以满足编辑的需要。

单击工具箱中的"转换点工具"按钮 ，将鼠标移动到平滑锚点上，单击可以将其转换为角点，如图 6-135 所示。

如果想将角点转换为平滑点，可在角点上单击并拖曳，即可将角点转换为平滑点，如图 6-136 所示。

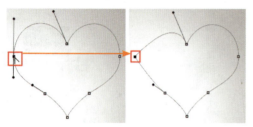
图 6-135　将平滑锚点转换为角点

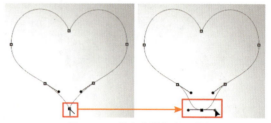
图 6-136　将角点转换为平滑点

提示　当选中平滑锚点时，在平滑锚点的两端会显示出该锚点的方向线，使用"转换点工具"在方向线一端单击并拖曳即可对方向线这一端的曲线形状进行调整。

6.4.6 路径的填充和描边

执行"窗口→路径"命令，打开"路径"面板，如图 6-137 所示。在"路径"面板中，列出了所有存储的路径、当前工作路径和形状路径。要查看路径，必须先在"路径"面板中选择相应的路径名。通过单击"路径"面板上的相关按钮，可以对选中的路径进行相应的操作，从而制作出更加具有艺术效果的图形。

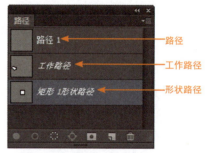
图 6-137　"路径"面板

单击"使用前景色填充路径"按钮 ，Photoshop 以前景色填充被路径包围的区域；单击"使用画笔描边路径"按钮 ，可以按设置的"画笔工具"和前景色沿着路径进行描边；单击"将路径作为选区载入"按钮 ，可以将当前所选中的路径转换为选区范围；单击"从选区生成工作路径"按钮 ，可以将当前所创建的选区转换为工作路径；单击"添加蒙版"按钮 ，可以为当前选中的图层添加图层蒙版；单击"创建新路径"按钮 ，可以创建一个新路径；单击"删除当前路径"按钮 ，可以在"路径"面板中删除当前选定的路径。

视频

实战：为商品图像添加炫彩光线装饰

源文件：源文件\第 6 章\6-4-6.psd　　视频：视频\第 6 章\6-4-6.mp4

01 打开素材图像"源文件\第 6 章\素材\64601.jpg"，效果如图 6-138 所示。使用"钢笔工具",在选项栏中设置"工具模式"为"路径",在图像中绘制曲线路径,如图6-139所示。

图6-138 打开运动鞋广告素材

图6-139 绘制曲线路径

02 使用"画笔工具",设置"前景色"为白色,打开"画笔"面板,对相关选项进行设置,如图6-140所示。完成"画笔"面板的设置,新建"图层1",打开"路径"面板,按住Alt键单击"用画笔描边路径"按钮,如图6-141所示。

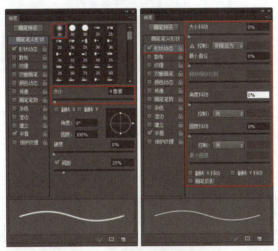
图6-140 设置"画笔"面板

图6-141 "路径"面板

03 弹出"描边路径"对话框,选中"模拟压力"复选框,如图6-142所示。单击"确定"按钮,使用画笔对路径进行描边处理,效果如图6-143所示。

图6-142 "描边路径"对话框

图6-143 路径描边效果1

◎ **技术看板**　实现两端渐隐的画笔描边路径效果

如果想要实现两端渐隐的画笔描边路径效果，首先需要在"画笔"面板中的"形状动态"选项中设置"控制"为"钢笔压力"，并且在"描边路径"对话框中选中"模拟压力"复选框，才能够实现两端渐隐的画笔描边路径效果。注意，两端渐隐的画笔描边路径效果还需要路径是开放路径，如果是闭合路径则无法实现该效果。

04 选择"图层 1"，单击"图层"面板上的"添加图层样式"按钮 fx，在弹出的菜单中选择"外发光"选项，弹出"图层样式"对话框，设置如图 6-144 所示。单击"确定"按钮，完成"外发光"图层样式的设置，效果如图 6-145 所示。

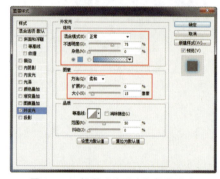

图 6-144　设置"外发光"图层样式　　　　　图 6-145　应用"外发光"图层样式的效果

05 使用"画笔工具"，设置"前景色"为白色，打开"画笔"面板，选择笔触，设置如图 6-146 所示。在"画笔"面板中选中"形状动态"复选框，对相关选项进行设置，如图 6-147 所示。

06 在"画笔"面板中选中"散布"复选框，对相关选项进行设置，如图 6-148 所示。在"画笔"面板中选中"传递"复选框，对相关选项进行设置，如图 6-149 所示。

图 6-146　选择笔触　　图 6-147　设置"形状动态"　　图 6-148　设置"散布"　　图 6-149　设置"传递"

07 完成"画笔"面板的设置，新建"图层 2"，打开"路径"面板，选中刚绘制的曲线路径，单击"用画笔描边路径"按钮 ○，效果如图 6-150 所示。选择"图层 2"，单击"图层"面板上的"添加图层样式"按钮 fx，在弹出的菜单中选择"外发光"选项，弹出"图层样式"对话框，设置如图 6-151 所示。

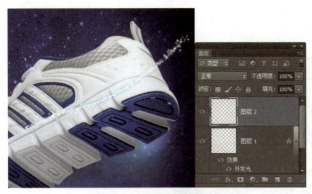
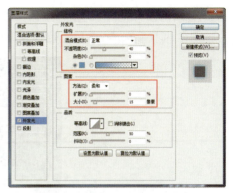

图 6-150　描边路径效果 2　　　　　　　　图 6-151　设置"外发光"图层样式

08 单击"确定"按钮，完成"外发光"图层样式的设置，效果如图 6-152 所示。设置"前景色"为 RGB（126，212，244），使用"画笔工具"，打开"画笔"面板，对相关选项进行设置，如图 6-153 所示。

图 6-152　应用"外发光"图层样式的效果　　　　图 6-153　设置"画笔"面板

09 完成"画笔"面板的设置，新建"图层 3"，打开"路径"面板，选中刚绘制的曲线路径，单击"用画笔描边路径"按钮，效果如图 6-154 所示。使用相同的制作方法，绘制相应的曲线路径，使用画笔描边路径的方法制作出其他装饰图形效果，如图 6-155 所示。

图 6-154　描边路径效果 3　　　　　　　　图 6-155　制作出相似效果

10 使用相同的制作方法，使用"画笔工具"，通过对"画笔"面板进行设置，从而在图像中绘制多种不同的光点效果，最终效果如图 6-156 所示。

图 6-156　最终效果

6.5　本章小结

本章主要介绍了各种绘画工具、形状工具和钢笔工具的使用方法，并且对路径的编辑操作进行了讲解。通过对本章内容的学习，能够掌握 Photoshop 中的各种基本绘画工具、形状工具和钢笔工具的使用方法，并且能够在商品图像设计中，灵活运用绘画工具绘制相应的图像美化商品图像的表现效果。

第 7 章　图像合成——图层与蒙版

图层和蒙版是 Photoshop 的核心功能。图层几乎承载了所有的图像编辑操作，用户可以通过不同的叠放顺序编辑图像；蒙版可以隔离并保护特定区域的图像。图层与蒙版在图像处理过程中都是非常重要的功能，合理地应用图层与蒙版可以实现出色的图像合成特效。在本章中主要介绍了 Photoshop 中图层与蒙版的功能，包括图层操作、图层属性设置、图层样式和图层蒙版的创建与编辑等，使读者轻松掌握图层与蒙版的核心功能。

7.1　认识 Photoshop 中的图层

图层是 Photoshop 中最为重要的功能之一，通过图层不仅可以随心所欲地将文件中的图像分门别类地放置于不同的平面中，还可以轻易地对图层的顺序进行调整，并且对单一图层进行操作时不会影响其他图层效果。

7.1.1　认识"图层"面板

"图层"面板包括了图像中的所有图层，如图层组、调整图层、填充图层、蒙版图层等多种类型的图层，执行"文件→打开"命令，打开素材文件"源文件\第 7 章\71101.psd"，效果如图 7-1 所示。执行"窗口→图层"命令，打开"图层"面板，可以看到该素材文件中的图层，如图 7-2 所示。

图 7-1　打开护肤品广告素材

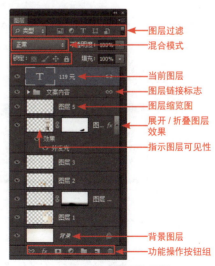

图 7-2　"图层"面板

> **提示** 在 Photoshop 中，对图层进行编辑前，首先需要在"图层"面板中单击需要的图层，将其选中，此时所选图层成为"当前图层"。绘画、颜色和色调调整都只能在一个图层中进行，而移动、对齐、变换或应用"图层样式"时，可以一次处理所选的多个图层。

7.1.2 图层的基本操作

图层是 Photoshop 的核心功能之一，它几乎承载了所有的图像编辑工作。通过"图层"面板和"图层"菜单可以对图层进行编辑操作，如创建图层、移动图层、复制图层和删除图层等，本节将向读者详细介绍图层的基本操作方法。

1. 创建图层

创建图层的方法大体可以分为三种，第一种是通过命令创建图层，第二种是通过"图层"面板创建图层，第三种是通过复制图层的方法创建图层。

1）通过命令创建图层

01 打开素材图像"源文件\第 7 章\素材\71201.jpg"，效果如图 7-3 所示。打开"图层"面板，如图 7-4 所示。

图 7-3 打开小家电广告素材

图 7-4 "图层"面板

02 执行"图层→新建→图层"命令或按快捷键 Ctrl+Shift+N，弹出"新建图层"对话框，如图 7-5 所示，在该对话框中可以对新建图层的名称、模式等进行设置，单击"确定"按钮，即可在"图层"面板中创建一个新图层，如图 7-6 所示。

图 7-5 "新建图层"对话框

图 7-6 新建图层

2）通过"图层"面板创建图层

单击"图层"面板上的"创建新图层"按钮 ，即可在"图层"面板中创建新图层，这种方法与通过"新建"命令创建新图层的方法相同，但是不会弹出"新建图层"对话框，新建的是一个默认名称和混合模式的透明图层。

3）通过复制图层的方法创建图层

执行"图层→新建→通过复制的图层"命令，或按快捷键 Ctrl+J，可以将当前选中图层复制，如图 7-7 所示。如果在图层中有选区存在，那么复制的将是图层选区中的内容，但不会对下方的图层产生影响，如图 7-8 所示。

图 7-7　复制图层得到新图层　　　　图 7-8　复制选区图像得到新图层

◎ **技术看板**　**将背景图层转换为普通图层**

"背景"图层无法移动、堆叠、设置"混合模式"和"不透明度"，如果要对"背景"图层执行这些操作，必须先将"背景"图层转换为普通图层。执行"图层→新建→背景图层"命令，或者在"图层"面板中双击"背景"图层，弹出"新建图层"对话框，单击"确定"按钮，即可将"背景"图层转换为普通图层。除此之外，按住 Alt 键双击"背景"图层，不会弹出对话框，直接转换为普通图层。

2. 选择图层

选择图层是图层中最基本的操作，打开"图层"面板，单击即可选择需要的图层，如图 7-9 所示。

单击的方法只能选择一个图层，想要选择多个图层，可以按住键盘上的 **Ctrl** 键，分别单击需要选择的图层，可以同时选中多个不连续的图层，如图 7-10 所示。

如果需要同时选择多个连续的图层，可以选择第一个图层，再按住 **Shift** 键选择最后一个图层，即可将第一个与最后一个图层间的所有图层全部选中，如图 7-11 所示。

图 7-9　选择单个图层　　　图 7-10　选择多个不连续图层　　　图 7-11　选择多个连续图层

3. 移动、复制和删除图层

如果需要移动单个或多个图层中的内容，可以选中需要移动的图层，使用"移动工具"对画布中的图像进行移动操作。如果当前使用的工具不是"移动工具"，可以按住 **Ctrl** 键，当光标变成移动工具形状时即可进行移动。

将需要复制的图层拖曳到"图层"面板上的"创建新图层"按钮上，释放鼠标即可完成复制图层的操作，如图 7-12 所示。

执行"图层→复制图层"命令，弹出"复制图层"对话框，通过该对话框也可以复制图层，如图 7-13 所示。

图 7-12 复制图层操作

图 7-13 "复制图层"对话框

选择需要删除的图层，单击"图层"面板上的"删除图层"按钮或将需要删除的图层拖曳至"删除图层"按钮上，即可将选中图层删除。

4. 调整图层叠放顺序

打开素材，选择需要调整的图层，如图 7-14 所示。按住鼠标左键拖曳该图层，即可调整图层的叠放顺序，效果如图 7-15 所示。

图 7-14 打开素材选择需要调整的图层

图 7-15 拖曳调整图层叠放顺序

5. 链接图层

将图层链接在一起后，可以同时对多个图层中的内容进行移动或是执行变换操作，如果是想将图层链接在一起，可以选择需要链接的多个图层并单击"图层"面板上的"链接图层"按钮，即可将选择的图层链接在一起，如图 7-16 所示。

如果需要取消链接图层，选择一个链接图层，再次单击"链接图层"按钮即可。

图 7-16 链接图层操作

6. 栅格化图层

在 Photoshop 中有许多命令和工具只能在普通图层中执行，如"画笔工具""橡皮擦工具"，如果想在特殊图层中使用这些工具，需要先将这些图层栅格化，使特殊图层转换为普通图层。

如果需要对图层进行栅格化操作，可以选择相应的图层，执行"图层→栅格化"命令，在"栅格化"子菜单中选择相应的选项执行栅格化操作，如图 7-17 所示。也可以在"图层"面板中选择需要栅格化的图层，并在该图层上右击，在弹出的快捷菜单中选择"栅格化图层"选项，如图 7-18 所示。

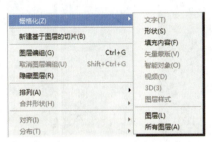
图 7-17 "栅格化"命令子菜单

图 7-18 选择"栅格化图层"选项

7. 显示与隐藏图层

在"图层"面板中，图层缩览图前面的眼睛图标 ◉ 是用来控制图层的可见性的，显示该图标的图层为可见图层，如图 7-19 所示。不显示该图标的图层为隐藏的图层。单击图层前面的眼睛图标可以隐藏该图层，如图 7-20 所示。如果要重新显示该图层，再次单击该图标即可。

图 7-19 显示图层

图 7-20 隐藏图层

提示 ▶ 执行"图层→隐藏图层"命令，可以隐藏当前选择的图层，如果选择了多个图层，执行该命令时，可以隐藏所有被选择的图层。

☆**技巧**☆ 如果需要只显示当前图层而将其他图层全部隐藏，可以按住 Alt 键单击当前图层的眼睛图标，则可以将除当前图层外的其他所有图层都隐藏；按住 Alt 键再次单击该图层的眼睛图标，可以恢复其他图层的可见性。

8. 合并图层

掌握合并图层操作可以带来许多的好处，例如：减少图层数量以降低文件大小、使"图层"面板更加简洁、可以对图层进行统一调整。

打开素材文件"源文件\第 7 章\素材\71203.psd"，效果如图 7-21 所示。执行"窗口→图层"命令，打开"图层"面板，如图 7-22 所示。

选择需要合并的图层，执行"图层→合并图层"命令或按快捷键 Ctrl+E，将所选图层合并为一个图层，并且图层名称以最上方选择的图层名称为准，如图 7-23 所示。

图 7-21 打开护肤品广告素材　　图 7-22 "图层"面板　　图 7-23 合并图层操作

◎ **疑问解答**　**选择单个图层可以进行合并操作吗？**

通过"合并图层"命令合并图层，无论当前选择的图层是单个还是多个，都可以进行合并操作，选择单个图层并执行该命令后，会自动合并到当前图层下方的图层中，合并后的图层名称命名为下方图层。如果当前文件中只有单个图层存在，则无法合并。

9. 盖印图层

盖印图层与合并图层操作类似，可以将多个图层中的内容合并为一个目标图层，但盖印图层在合并图层的同时保留了原图层，只是在原图层的上方生成一个全新的图层。盖印图层没有菜单命令，所以想要盖印图层，只有通过快捷键实现。

打开素材文件"源文件\第 7 章\素材\71204.psd"，效果如图 7-24 所示。盖印多个图层的方法同样是使用快捷键 Ctrl+Alt+E，盖印多个图层是在选择多个图层的上方生成一个盖印图层。选择多个图层，按快捷键 Ctrl+Alt+E 执行盖印操作，生成盖印图层，如图 7-25 所示。

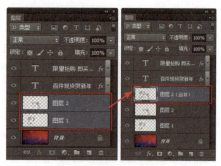

图 7-24 打开钻戒广告素材图像　　图 7-25 盖印多个图层

> **提示** ▶▶ 如果需要盖印的图层之中有"背景"图层的存在，那么选择图层中的图像会盖印在"背景"图层中。合并图层可以减少图层的数量，而盖印图层往往会增加图层的数量。

图7-26 盖印所有可见图层

盖印所有可见图层是指将图层面板中所有的可见图层合并，在所有可见图层的最上方得到一个新的图层。在"图层"面板中将某一个或多个图层隐藏，按快捷键 Ctrl+Alt+Shift+E，执行盖印所有可见图层操作，可以将所有可见图层合并得到新图层，如图7-26所示。

实战：制作运动鞋广告

源文件：源文件\第7章\7-1-2.psd　　视频：视频\第7章\7-1-2.mp4

视频

01 执行"文件→新建"命令，弹出"新建"对话框，设置如图7-27所示，单击"确定"按钮，新建空白文件。使用"渐变工具"，打开"渐变编辑器"对话框，设置渐变颜色，如图7-28所示。

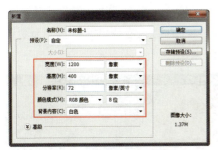

图7-27 "新建"对话框

图7-28 设置渐变颜色

02 单击"确定"按钮，完成渐变颜色的设置，在选项栏中单击"线性渐变"按钮，新建"图层1"，在画布中拖曳填充线性渐变，如图7-29所示。使用"钢笔工具"，在选项栏中设置"工具模式"为"路径"，在画布中绘制路径，如图7-30所示。

图7-29 填充线性渐变

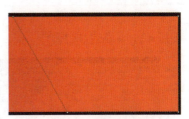

图7-30 绘制路径

03 按快捷键 Ctrl+Enter，将路径转换为选区，如图7-31所示。使用"渐变工具"，打开"渐变编辑器"对话框，设置渐变颜色，如图7-32所示。

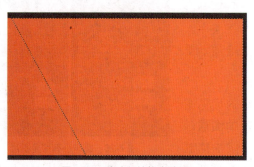

图 7-31　将路径转换为选区

图 7-32　设置渐变颜色

04 单击"确定"按钮，完成渐变颜色的设置，新建"图层 2"，在选区中拖曳，填充线性渐变，效果如图 7-33 所示。使用"椭圆选框工具"，在画布中绘制一个椭圆形选区，如图 7-34 所示。

图 7-33　填充线性渐变

图 7-34　绘制椭圆形选区

05 执行"选择→修改→羽化"命令，在弹出的对话框中设置"羽化半径"为 150 像素，单击"确定"按钮，羽化选区，如图 7-35 所示。新建"图层 3"，设置"前景色"为白色，按快捷键 Alt+Delete，为选区填充前景色，效果如图 7-36 所示。

图 7-35　羽化选区

图 7-36　为选区填充前景色

06 按快捷键 Ctrl+D，取消选区，设置"图层 3"的"不透明度"为 60%，效果如图 7-37 所示。打开并拖入产品素材图像"源文件 \ 第 7 章 \ 素材 \71205.png"，调整到合适的位置，自动生成"图层 4"，如图 7-38 所示。

图 7-37　设置图层"不透明度"

图 7-38　拖入商品素材图像

07 使用"椭圆选框工具",在画布中绘制一个椭圆形选区,如图 7-39 所示。执行"选择→修改→羽化"命令,在弹出的对话框中设置"羽化半径"为 10 像素,单击"确定"按钮,羽化选区,新建"图层 5",为选区填充黑色,如图 7-40 所示。

图 7-39　绘制椭圆形选区　　　　　图 7-40　羽化选区并填充颜色

08 按快捷键 Ctrl+D,取消选区,将"图层 5"拖曳至"图层 4"下方,效果如图 7-41 所示。为"图层 5"添加图层蒙版,在图层蒙版中填充黑白线性渐变,设置该图层的"不透明度"为 65%,效果如图 7-42 所示。

图 7-41　调整图层顺序　　　　　　图 7-42　设置图层"不透明度"

09 使用"横排文字工具",在画布中单击并输入文字,自动得到相应的文字图层,如图 7-43 所示。使用相同的制作方法,可以在画布中输入其他文字,效果如图 7-44 所示。

图 7-43　输入文字　　　　　　　　图 7-44　输入其他文字

10 使用"椭圆工具",在选项栏中设置"工具模式"为"形状","填充"为白色,"描边"为无,在画布中按住 Shift 键绘制正圆形,如图 7-45 所示。使用"自定形状工具",在选项栏中设置"填充"为黑色,在"形状"下拉列表中选择合适的形状,在画布中绘制形状图形,如图 7-46 所示。

图 7-45 绘制正圆形

图 7-46 绘制形状图形

11 完成该运动鞋广告的设计制作，最终效果如图 7-47 所示。

图 7-47 最终效果

7.1.3 图层的"不透明度"

通过图层的"不透明度"选项可以控制图层的两种不透明度，包括总体不透明度以及填充不透明度。可以对图层的样式、图层像素与形状的不透明度产生影响。

打开素材文件"源文件\第 7 章\素材\71301.psd"，效果如图 7-48 所示。打开"图层"面板，选择需要设置不透明度的图层，此处选择的是一个包含图层样式的图层，如图 7-49 所示。

图 7-48 打开小家电广告素材

图 7-49 "图层"面板

通过"不透明度"选项可以设置图层的不透明度，包括为图层应用的图层样式。图 7-50 所示为图层设置不同"不透明度"的图像效果。

图 7-50 设置图层"不透明度"选项的效果

通过"填充"选项同样可以设置图层的不透明度，但只能影响图层内容的不透明度，而不会对图层样式产生影响。图 7-51 所示为图层设置不同"填充"的图像效果。

图 7-51　设置图层"填充"选项的效果

7.1.4　图层的"混合模式"

图层的混合模式可以通过将当前图层中的图像颜色与下方图像颜色以不同的方式进行混合，从而生成一个新的颜色，而且不会对原图像的颜色产生影响，可以随时进行更改。如果需要设置图层的"混合模式"选项，选择需要添加混合模式的图层，在"图层"面板顶部的"混合模式"下拉列表中选择一种混合模式即可，如图 7-52 所示。

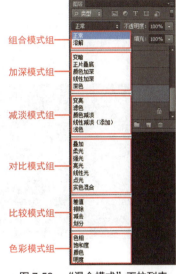

◎ **疑问解答**　图层组可以设置混合模式吗？

图层混合模式可以应用于图层组中，图层组在创建时已经具有了一种特殊的混合模式：穿透，表示图层组没有自己的混合属性，为图层组设置了其他的混合模式后，Photoshop 就会将图层组视为一幅单独的图像，并利用所选混合模式与下面的图像产生混合。

图 7-52　"混合模式"下拉列表

⬇ **实战：制作小家电广告**

源文件：源文件 \ 第 7 章 \ 7-1-4.psd　　视频：视频 \ 第 7 章 \ 7-1-4.mp4

视频

01 执行"文件→新建"命令，弹出"新建"对话框，设置如图 7-53 所示，单击"确定"按钮，新建空白文件。设置"前景色"为 RGB（12，12，12），按快捷键 Alt+Delete，为画布填充前景色，如图 7-54 所示。

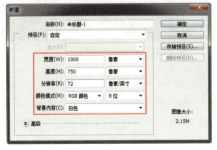 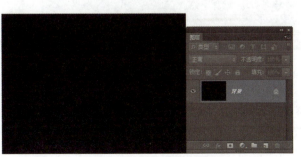

图 7-53　"新建"对话框　　　　　　　　图 7-54　为画布填充前景色

02 打开并拖入素材"源文件\第7章\素材\71401.jpg",调整到合适的大小和位置,如图7-55所示。为该图层添加图层蒙版,使用"渐变工具"在图层蒙版中填充黑白径向渐变,设置该图层的"不透明度"为50%,效果如图7-56所示。

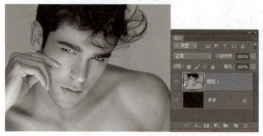 

图 7-55 打开并拖入素材　　　　　　　　　图 7-56 填充径向渐变并设置图层不透明度

03 使用"钢笔工具",在选项栏中设置"工具模式"为"路径",在画布中绘制路径,如图7-57所示。按快捷键Ctrl+Enter,将路径转换为选区,新建"图层2",使用"渐变工具",打开"渐变编辑器"对话框,设置渐变颜色,如图7-58所示。

图 7-57 绘制路径　　　　　　　　　图 7-58 设置渐变颜色

04 单击"确定"按钮,完成渐变颜色设置,在选区中拖曳填充线性渐变,效果如图7-59所示。将处理好的产品图像"源文件\第7章\素材\71402.png"拖入到文件中,调整到合适的大小和位置,如图7-60所示。

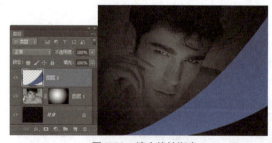 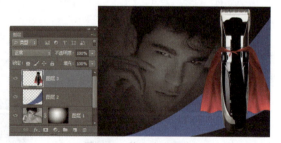

图 7-59 填充线性渐变　　　　　　　　　图 7-60 拖入产品图像

05 使用"矩形工具",在选项栏中设置"工具模式"为"形状","填充"为白色,"描边"为无,在画布中拖曳绘制矩形,如图7-61所示。继续使用"矩形工具",在"选项"栏中设置"路径操作"为"减去顶层形状",在刚绘制的矩形上减去一个矩形得到矩形边框的效果,如图7-62所示。

图 7-61 绘制矩形

图 7-62 在矩形中减去一个矩形

06 继续使用"矩形工具",在选项栏中设置"路径操作"为"减去顶层形状",在矩形边框上减去一个矩形得到需要的图形,如图 7-63 所示。使用"横排文字工具",在"字符"面板中对相关选项进行设置,在画布中单击输入文字,如图 7-64 所示。

图 7-63 减去矩形

图 7-64 输入文字

07 使用相同的制作方法,在画布中输入其他文字,如图 7-65 所示。按快捷键 Ctrl+Alt+Shift+E,盖印可见图层,得到"图层 4",如图 7-66 所示。

图 7-65 输入其他文字内容

图 7-66 盖印图层

08 添加"亮度/对比度"调整图层,在打开的"属性"面板中对亮度和对比度选项进行设置,如图 7-67 所示。完成"亮度/对比度"调整图层的设置,得到该小家电广告的最终效果,如图 7-68 所示。

图 7-67 设置"亮度/对比度"选项

图 7-68 最终效果

7.2 使用图层组管理图层

无论合并图层与盖印图层都会对文件中的原图层产生影响，使用图层组可以将不同的图层分类放置，这样既便于管理，又不会对原图层产生影响。

7.2.1 创建图层组

打开素材图像"源文件\第 7 章\素材\72101.psd"，效果如图 7-69 所示。打开"图层"面板，可以看到该文件中的相关图层，如图 7-70 所示。执行"图层→新建→组"命令或单击"图层"面板上的"创建新组"按钮，即可在"图层"面板中新建图层组，如图 7-71 所示。

图 7-69　打开女鞋广告素材

图 7-70　"图层"面板

图 7-71　新建图层组

7.2.2 从所选图层创建图层组

如果需要将多个图层创建在一个图层组内，可以在"图层"面板中选中所需图层，执行"图层→图层编组"命令或按快捷键 Ctrl+G，即可将选中的多个图层放置在一个图层组中，如图 7-72 所示。

对图层进行编组之后，可单击组前面的三角图标▶关闭或者重新展开图层组，如图 7-73 所示。在图层组名称位置双击，即可对图层组名称进行重命名操作，如图 7-74 所示。

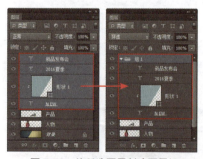
图 7-72　从所选图层创建图层组

图 7-73　展开图层组

图 7-74　重命名图层组

> **提示** ▶▶ 在"图层"面板中选择相应的图层以后，执行"图层→新建→从图层建立组"命令，弹出"从图层建立组"对话框，设置图层组的名称、颜色和模式等属性，可以将其创建在特定属性的图层组内。

7.2.3 将图层移入或移出图层组

选择需要拖入到图层组中的图层，将图层拖曳到图层组名称或图标上，即可将图层移入指定的图层组中，如图 7-75 所示。选择需要移出图层组的图层，单击并向图层组外侧拖曳图层即可将选择的图层移出图层组，如图 7-76 所示。

图 7-75　将图层移入图层组

图 7-76　将图层移出图层组

7.2.4 取消图层组

执行"图层→取消图层编组"命令或按快捷键 Ctrl+Shift+G，可以取消图层组，同时保留图层组中的所有图层。

> **实战：制作女鞋广告**
>
> 源文件：源文件\第 7 章\7-2-4.psd　　视频：视频\第 7 章\7-2-4.mp4

视频

01 执行"文件→新建"命令，弹出"新建"对话框，设置如图 7-77 所示，单击"确定"按钮，新建空白文件。设置"前景色"为 RGB（5，132，196），按快捷键 Alt+Delete，为画布填充前景色，如图 7-78 所示。

图 7-77　"新建"对话框

图 7-78　为画布填充前景色

02 新建图层组将其重命名为"背景"，使用"矩形选框工具"，在选项栏中设置"羽化"为 10 像素，在画布中绘制矩形选区，如图 7-79 所示。使用"渐变工具"，打开"渐变编辑器"对话框，设置渐变颜色，如图 7-80 所示。

03 单击"确定"按钮，在选项栏中单击"径向渐变"按钮，新建"图层 1"，在选区中拖曳填充径向渐变，按快捷键 Ctrl+D，取消选区，效果如图 7-81 所示。

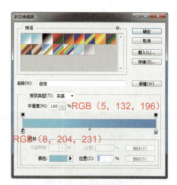

图 7-79 绘制矩形选区　　　　　图 7-80 设置渐变颜色

图 7-81 填充径向渐变

04 打开并拖入素材"源文件\第7章\素材\72401.jpg",效果如图 7-82 所示。设置该图层的"混合模式"为"叠加","不透明度"为 40%,效果如图 7-83 所示。

图 7-82 打开并拖入素材　　　　　图 7-83 图像效果

05 为"图层 2"添加图层蒙版,使用"画笔工具",设置"前景色"为黑色,选择柔角笔触,在蒙版中对不需要的部分进行涂抹,如图 7-84 所示。复制"图层 2",得到"图层 2 副本"图层,将复制得到的图像向右侧移至合适的位置,并在图层蒙版中进行相应涂抹处理,效果如图 7-85 所示。

图 7-84 添加图层蒙版处理　　　　　图 7-85 复制图层并移动位置

06 使用"椭圆选框工具",在选项栏中设置"羽化"为 100 像素,在画布中绘制椭圆形选区,如图 7-86 所示。新建"图层 3",为选区填充白色,按快捷键 Ctrl+D,取消选区,设置"图层 3"的"混合模式"为"叠加",效果如图 7-87 所示。

图 7-86　绘制椭圆形选区

图 7-87　设置图层混合模式

07 在"背景"图层组上方新建图层组,将其重命名为"产品",打开并拖入产品图像"源文件 \ 第 7 章 \ 素材 \72402.png",效果如图 7-88 所示。新建"图层 5",使用"画笔工具",设置"前景色"为黑色,在选项栏中对相关选项进行设置,在商品阴影部分进行涂抹,如图 7-89 所示。

图 7-88　拖入商品图像

图 7-89　在商品阴影部分涂抹

08 将"图层 5"移至"图层 4"的下方,效果如图 7-90 所示。在"图层 4"上方添加"曲线"调整图层,在打开的"属性"面板中对曲线进行设置,如图 7-91 所示。

图 7-90　调整图层顺序后的效果

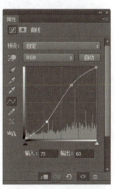

图 7-91　设置曲线

09 完成"曲线"调整图层的设置,执行"图层→创建剪贴蒙版"命令,将该图层创建剪贴蒙版,效果如图 7-92 所示。在"产品"图层组的上方新建图层组,将其重命名为"文案",使用"横排文字工具",在画布中单击输入文字,如图 7-93 所示。

10 按住 Ctrl 键单击文字图层缩览图,载入文字图层选区,新建"图层 6",将原文字图层隐藏,如图 7-94 所示。使用"渐变工具",打开"渐变编辑器"对话框,设置渐变颜色,如图 7-95 所示。

图7-92　商品图像效果

图7-93　输入文字

图7-94　载入文字选区并隐藏原文字图层

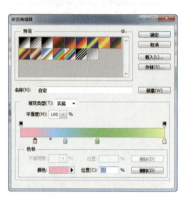
图7-95　设置渐变颜色

11 单击"确定"按钮，完成渐变颜色设置，在选项栏中单击"线性渐变"按钮，在选区中拖曳填充渐变颜色，取消选区，如图7-96所示。使用相同的制作方法，可以完成其他文字内容的输入，效果如图7-97所示。

图7-96　填充线性渐变

图7-97　输入其他文字内容

12 在"文案"图层组上方新建名称为"装饰花朵"图层组，打开并拖入素材"源文件\第7章\素材\72403.png"，如图7-98所示。新建"图层8"，将其调整至"图层7"下方，使用"画笔工具"，在选项栏中进行设置，在画布中为花绘制阴影，如图7-99所示。

图7-98　拖入素材

图7-99　绘制素材阴影

13 使用相同的制作方法，拖入其他花朵素材并分别进行处理，效果如图 7-100 所示。按快捷键 Ctrl+Alt+Shift+E，盖印所有可见图层得到"图层 11"，如图 7-101 所示。

图 7-100　拖入其他素材处理

图 7-101　盖印可见图层

14 使用"锐化工具"，在选项栏中对相关选项进行设置，在图像中对商品部分进行适当的涂抹，使商品细节更加清晰，如图 7-102 所示。添加"亮度 / 对比度"调整图层，在打开的"属性"面板中对选项进行设置，如图 7-103 所示。

图 7-102　锐化商品

图 7-103　设置"亮度 / 对比度"选项

15 完成"亮度 / 对比度"的设置后调整图层，增强广告整体的对比度，最终效果如图 7-104 所示。

图 7-104　最终效果

7.3　应用图层样式

图层样式是图层最重要的功能之一，通过图层样式可以为图层添加描边、阴影、外发光、浮雕等效果，甚至可以改变原图层中图像的整体显示效果，本节将对图层样式的相关内容进行介绍。

7.3.1 添加图层样式

选择需要添加图层样式的图层，执行"图层→图层样式"命令，通过"图层样式"子菜单命令可以为图层添加相应的图层样式。单击"图层"面板上的"添加图层样式"按钮，在弹出的菜单中也可以选择需要添加的图层样式，如图 7-105 所示，弹出"图层样式"对话框，如图 7-106 所示。

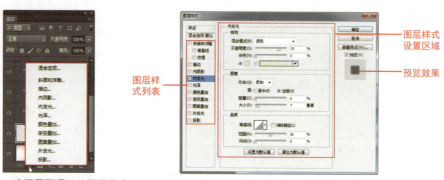

图 7-105 选择需要添加的图层样式　　　　图 7-106 "图层样式"对话框

☆**技巧**☆ 应用图层样式的方法除了上述两种外，还可以在需要添加样式的图层名称外侧区域双击，也可以弹出"图层样式"对话框，弹出对话框默认的设置界面为混合选项。

7.3.2 图层样式介绍

通过图层样式可以为图层添加 10 种样式，每一种图层样式都包含相应的设置选项，通过对样式选项的设置，能够使所添加的图层样式发挥最完美的效果。

1. 斜面和浮雕

通过为图层添加"斜面和浮雕"图层样式，可以使图层内容表现出内斜面、外斜面和浮雕效果。

打开素材图像"源文件\第 7 章\素材\73201.psd"，效果如图 7-107 所示。选择需要添加"斜面和浮雕"样式的图层，单击"图层"面板上的"添加图层样式"按钮，在弹出的菜单中选择"斜面和浮雕"选项，弹出"图层样式"对话框，如图 7-108 所示。

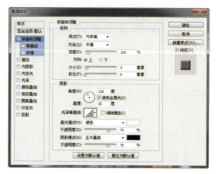

图 7-107 打开服装广告素材　　　　图 7-108 "斜面和浮雕"图层样式

在"斜面和浮雕"图层样式的"样式"下拉列表中可以选择需要应用的斜面或浮雕效果。图 7-109 所示为应用不同斜面和浮雕的表现效果。

（"外斜面"效果）　　　　（"内斜面"效果）　　　　（"浮雕效果"效果）

图 7-109　应用不同斜面和浮雕的表现效果

2．描边

为图层添加"描边"图层样式，在弹出的对话框中对"描边"图层样式的相关选项进行设置，如图 7-110 所示。单击"确定"按钮，完成"描边"图层样式的添加，可以看到应用"描边"图层样式的效果，如图 7-111 所示。

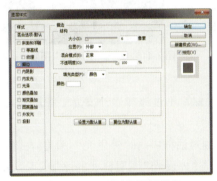 

图 7-110　"描边"图层样式　　　　图 7-111　应用"描边"图层样式效果

"描边"图层样式的相关设置选项与执行"编辑→描边"命令，弹出的"描边"对话框中的相关设置选项基本相同，但是在"描边"图层样式中，不但可以使用纯色进行描边，还可以使用渐变颜色和图案进行描边操作，从而得到更加美观的描边效果。

3．内阴影

"内阴影"图层样式可以在图层内容的边缘内添加阴影，使图层内容产生凹陷效果。

为图层添加"内阴影"图层样式，在弹出的对话框中对"内阴影"图层样式的相关选项进行设置，如图 7-112 所示。单击"确定"按钮，完成"内阴影"图层样式的添加，可以看到应用"内阴影"图层样式的效果，如图 7-113 所示。

4．内发光

通过"内发光"图层样式可以在图层内容的边缘向内添加指定颜色或渐变颜色的发光效果。

为图层添加"内发光"图层样式，在弹出的对话框中对"内发光"图层样式的相关选项进行设置，如图 7-114 所示。单击"确定"按钮，完成"内发光"图层样式的添加，可以看到应用"内发光"图层样式的效果，如图 7-115 所示。

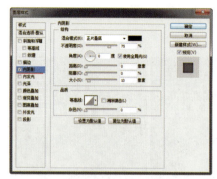

图 7-112 "内阴影"图层样式

图 7-113 应用"内阴影"图层样式效果

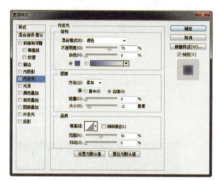

图 7-114 "内发光"图层样式

图 7-115 应用"内发光"图层样式效果

5．外发光

"外发光"图层样式的设置与"内发光"类似，不过添加"外发光"图层样式后，图像的发光效果是在图像的外侧。

为图层添加"外发光"图层样式，在弹出的对话框中对"外发光"图层样式的相关选项进行设置，如图 7-116 所示。单击"确定"按钮，完成"外发光"图层样式的添加，可以看到应用"外发光"图层样式的效果，如图 7-117 所示。

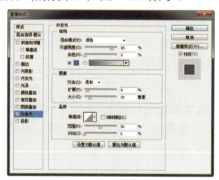

图 7-116 "外发光"图层样式

图 7-117 应用"外发光"图层样式效果

6．光泽

为图层添加"光泽"图层样式可以在图像内部创建类似内阴影和内发光的光泽效果，不过通过"光泽"样式可以调整"大小"与"距离"，对光泽效果进行智能控制，得到的效果与内阴影、内发光完全不同。

为图层添加"光泽"图层样式,在弹出的对话框中对"光泽"图层样式的相关选项进行设置,如图 7-118 所示。单击"确定"按钮,完成"光泽"图层样式的添加,可以看到应用"光泽"图层样式的效果,如图 7-119 所示。

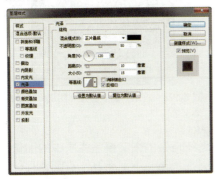

图 7-118 "光泽"图层样式

图 7-119 应用"光泽"图层样式效果

7. 颜色叠加

通过"颜色叠加"图层样式可以为图层叠加指定的颜色,并且可以对叠加颜色的不透明度进行设置。

为图层添加"颜色叠加"图层样式,在弹出的对话框中对"颜色叠加"图层样式的相关选项进行设置,如图 7-120 所示。单击"确定"按钮,完成"颜色叠加"图层样式的添加,可以看到应用"颜色叠加"图层样式的效果,如图 7-121 所示。

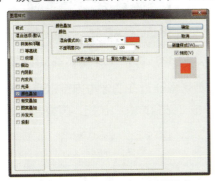

图 7-120 "颜色叠加"图层样式

图 7-121 应用"颜色叠加"图层样式效果

8. 渐变叠加

"渐变叠加"与"颜色叠加"图层样式在本质上并没有什么不同,但由于渐变叠加中需要同时控制多个颜色的叠加效果,所以可以设置的选项相对也会多一些。

为图层添加"渐变叠加"图层样式,在弹出的对话框中对"渐变叠加"图层样式的相关选项进行设置,如图 7-122 所示。单击"确定"按钮,完成"渐变叠加"图层样式的添加,可以看到应用"渐变叠加"图层样式的效果,如图 7-123 所示。

◎ **疑问解答** 如何调整渐变叠加的位置?

在为图层添加"渐变叠加"图层样式时,可以在图像中拖曳,从而调整渐变叠加的位置。

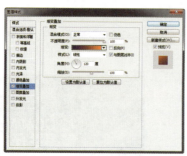 

图 7-122　"渐变叠加"图层样式　　　　图 7-123　应用"渐变叠加"图层样式效果

9. 图案叠加

通过"图案叠加"图层样式可以使用自定义或系统自带的图案覆盖图层中的图像。

为图层添加"图案叠加"图层样式，在弹出的对话框中对"图案叠加"图层样式的相关选项进行设置，如图 7-124 所示。单击"确定"按钮，完成"图案叠加"图层样式的添加，可以看到应用"图案叠加"图层样式的效果，如图 7-125 所示。

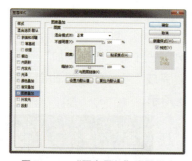 

图 7-124　"图案叠加"图层样式　　　　图 7-125　应用"图案叠加"图层样式效果

"图案叠加"与"渐变叠加"图层样式类似，都可以通过在图像中拖曳以更改叠加效果。如果想要还原对图案叠加位置进行的更改，可以单击"贴紧原点"按钮，将叠加的图案与文件的左上角重新进行对齐。

10. 投影

"投影"图层样式可以为图像添加逼真的投影效果，使其产生立体感。

为图层添加"投影"图层样式，在弹出的对话框中对"投影"图层样式的相关选项进行设置，如图 7-126 所示。单击"确定"按钮，完成"投影"图层样式的添加，可以看到应用"投影"图层样式的效果，如图 7-127 所示。

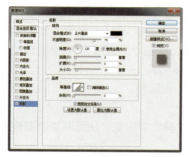 

图 7-126　"投影"图层样式　　　　图 7-127　应用"投影"图层样式效果

第7章 图像合成——图层与蒙版

> **实战：制作化妆品推广图**
> 源文件：源文件\第7章\7-3-2.psd 视频：视频\第7章\7-3-2.mp4

视频

01 执行"文件→新建"命令，弹出"新建"对话框，设置如图7-128所示，单击"确定"按钮，新建空白文件。新建图层组，将其重命名为"背景"，在该图层组中新建"图层1"，使用"渐变工具"，打开"渐变编辑器"对话框，设置渐变颜色，如图7-129所示。

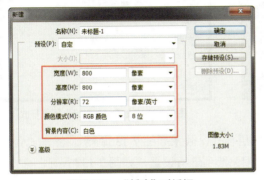

图7-128 "新建"对话框

图7-129 设置渐变颜色

02 完成渐变颜色的设置，在画布中拖曳填充线性渐变，如图7-130所示。打开并拖入素材图像"源文件\第7章\素材\73202.jpg"，调整到合适的位置，效果如图7-131所示。

图7-130 填充线性渐变

图7-131 拖入城市素材图像

03 为"图层2"添加图层蒙版，使用"画笔工具"，在蒙版中进行涂抹处理，设置该图层的"不透明度"为20%，效果如图7-132所示。新建"图层3"，使用"画笔工具"，设置"前景色"为白色，使用柔角笔触，在画布中进行涂抹，效果如图7-133所示。

图7-132 添加图层蒙版进行处理

图7-133 在画布中涂抹

185

04 设置"图层 3"的"混合模式"为"叠加",效果如图 7-134 所示。为该图层添加"外发光"图层样式,在弹出对话框中对相关选项进行设置,如图 7-135 所示。

图 7-134 设置混合模式效果

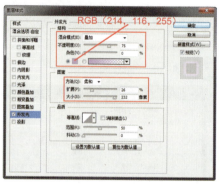

图 7-135 设置"外发光"图层样式

05 单击"确定"按钮,应用"外发光"图层样式,效果如图 7-136 所示。添加"色相/饱和度"调整图层,在打开的"属性"面板中对相关选项进行设置,如图 7-137 所示。

图 7-136 应用"外发光"样式效果

图 7-137 设置"色相/饱和充"选项

06 完成"色相/饱和度"调整图层的添加,使用"画笔工具",设置"前景色"为黑色,在该调整图层蒙版中对建筑物部分进行涂抹处理,效果如图 7-138 所示。新建"图层 4",使用"矩形选框工具",在画布中绘制矩形选区,如图 7-139 所示。

图 7-138 对蒙版进行涂抹处理

图 7-139 绘制矩形选区

07 使用"渐变工具",打开"渐变编辑器"对话框,设置渐变颜色,如图 7-140 所示。完成渐变颜色的设置,在选区中拖曳填充线性渐变,按快捷键 Ctrl+D,取消选区,如图 7-141 所示。

图 7-140　设置渐变颜色

图 7-141　填充线性渐变

08 在"背景"图层组上方新建图层组,将其重命令为"产品",将抠取好的商品图像"源文件 \ 第 7 章 \ 素材 \73203.png"拖入到文件中,如图 7-142 所示。为该图层添加"外发光"图层样式,在弹出的对话框中对相关选项进行设置,如图 7-143 所示。

图 7-142　拖入护肤品图像

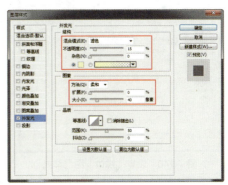
图 7-143　设置"外发光"图层样式

09 单击"确定"按钮,应用"外发光"图层样式,效果如图 7-144 所示。打开并拖入素材"源文件 \ 第 7 章 \ 素材 \73204.png",为该图层添加图层蒙版,使用"画笔工具",在图层蒙版中将不需要的部分涂抹处理,效果如图 7-145 所示。

图 7-144　应用"外发光"图层样式效果

图 7-145　拖入素材并添加蒙版处理

10 使用"多边形工具",在选项栏中设置"工具模式"为"形状","边"为 20,对相关选项进行设置,按住 Shift 拖曳绘制多角星形,如图 7-146 所示。为"多边形 1"图层添加"渐变叠加"图层样式,在弹出对话框中对相关选项进行设置,如图 7-147 所示。

图 7-146　绘制多角星形

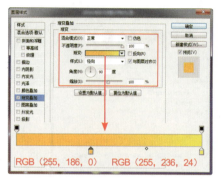

图 7-147　设置"渐变叠加"图层样式

11 在"图层样式"对话框左侧选中"描边"复选框,对"描边"图层样式进行设置,如图 7-148 所示。单击"确定"按钮,完成"渐变叠加"和"描边"图层样式的添加,效果如图 7-149 所示。

图 7-148　设置"描边"图层样式

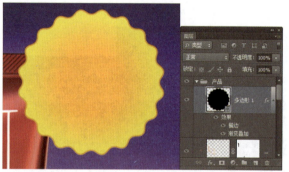

图 7-149　应用图层样式的效果

12 复制"多边形 1"图层得到"多边形 1 副本"图层,将该图层移至"多边形 1"图层下方,将"渐变叠加"图层样式删除,双击"描边"图层样式,在弹出的对话框中对相关选项进行修改,如图 7-150 所示。在"图层样式"对话框左侧选中"投影"复选框,对"投影"图层样式的相关选项进行设置,如图 7-151 所示。

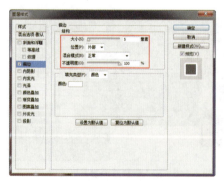

图 7-150　设置"描边"图层样式

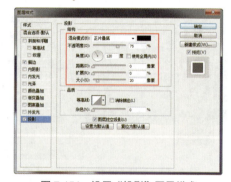

图 7-151　设置"投影"图层样式

13 单击"确定"按钮,完成"描边"和"投影"图层样式的添加,效果如图 7-152 所示。按住 Ctrl 键单击"多边形 1"图层缩览图,载入该图层选区,使用"矩形选框工具",按住 Alt 键,在当前选区中减去一个矩形选区,得到需要的选区,如图 7-153 所示。

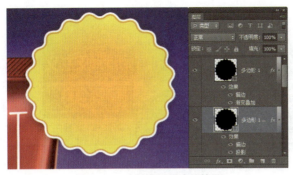
图 7-152 应用图层样式的效果

图 7-153 得到需要的选区

14 新建"图层 7",使用"渐变工具",打开"渐变编辑器"对话框,设置从白色到白色透明的渐变颜色,如图 7-154 所示。单击"确定"按钮,在选区中拖曳填充渐变颜色,取消选区,设置"图层 7"的"不透明度"为 80%,效果如图 7-155 所示。

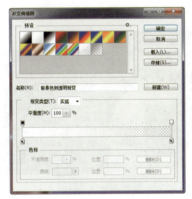
图 7-154 设置渐变颜色

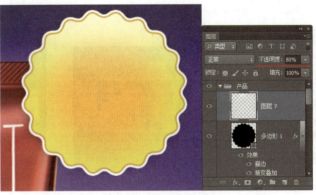
图 7-155 填充渐变颜色

15 使用"横排文字工具",在画布中单击输入文字,如图 7-156 所示。为文字图层添加"投影"图层样式,在弹出对话框中对相关选项进行设置,如图 7-157 所示。

图 7-156 输入文字

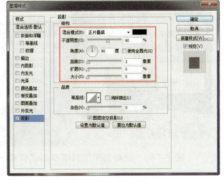
图 7-157 设置"投影"图层样式

16 单击"确定"按钮,完成"投影"图层样式的添加,效果如图 7-158 所示。使用相同的制作方法,输入其他文字,并为相应的文字添加图层样式,完成该化妆品推广图的制作,最终效果如图 7-159 所示。

图7-158 应用"投影"样式效果

图7-159 最终效果

7.3.3 显示与隐藏图层样式

在"图层"面板中，图层样式效果前面的眼睛图标 是用来控制图层样式可见性的，如图7-160所示。如果需要隐藏一个图层样式效果，可以单击该图层样式效果名称前的眼睛图标 ，如图7-161所示。

图7-160 图层样式效果列表

图7-161 隐藏图层样式效果

如果需要隐藏一个图层中的所有图层样式效果，可单击该图层"效果"前的眼睛图标 ，如图7-162所示。如果要隐藏文件中所有图层的效果，可以执行"图层→图层样式→隐藏所有效果"命令。隐藏效果后，在原眼睛图标处再次单击，可以重新显示效果，如图7-163所示。

图7-162 隐藏该图层的所有图层样式效果

图7-163 重新显示图层样式效果

7.3.4 编辑图层样式

在Photoshop中，图层样式是一项非常灵活的功能，根据设计过程中的实际需要，可以对效果参数进行修改、复制、删除等编辑操作，并且这些操作都不会对图层中的图像造成任何破坏。

1. 修改图层样式

在"图层"面板中，双击一个图层样式名称，如图 7-164 所示。弹出"图层样式"对话框，进入该图层样式的设置对话框，如图 7-165 所示。

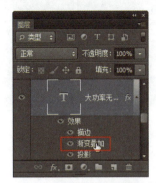

图 7-164　双击需要修改的图层样式名称

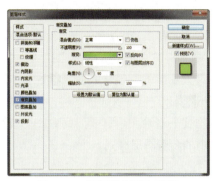

图 7-165　图层样式设置对话框

可以对该图层样式的相关选项进行设置，如图 7-166 所示，例如，此处修改了"渐变叠加"图层样式的效果，如图 7-167 所示。

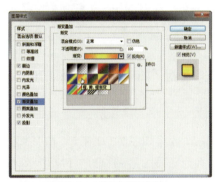

图 7-166　修改图层样式设置

图 7-167　修改图层样式后的效果

2. 复制与粘贴图层样式

在"图层"面板中选择添加了图层样式的图层，如图 7-168 所示。执行"图层→图层样式→复制图层样式"命令，复制效果，选择其他图层，执行"图层→图层样式→粘贴图层样式"命令，即可将图层样式粘贴到该图中，如图 7-169 所示。

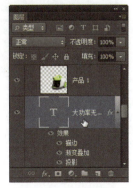

图 7-168　复制图层样式

图 7-169　粘贴图层样式

3. 删除图层样式

如果要删除一种图层样式，可以在"图层"面板中选择图层样式的名称，将它拖曳到"图层"面板上的"删除图层"按钮 上，即可将指定的图层样式删除，如图 7-170 所示。

如果需要将某个图层的所有图层样式全部删除，可以将该图层的图层样式图标拖曳到"删除图层"按钮 上。也可以选择图层，然后执行"图层→图层样式→清除图层样式"命令，同样可以删除该图层中的所有图层样式。

图 7-170　删除图层样式

7.4 图层蒙版

图层蒙版是 Photoshop 中非常重要的功能，可以应用在除"背景"层外的任何图层中。通过图层蒙版可以将图层中不需要显示的内容隐藏，而且不会对图像产生任何影响及破坏。

●●● 7.4.1 创建图层蒙版

创建图层蒙版的方法主要有通过菜单命令创建、通过"图层"面板直接创建、通过创建填充或调整图层时自动创建图层蒙版。

1. 通过菜单命令创建图层蒙版

打开素材图像"源文件\第 7 章\素材\74101.jpg"，效果如图 7-171 所示。打开"图层"面板，按住 Alt 键双击"背景"图层，将"背景"图层转换为普通图层，如图 7-172 所示。

图 7-171　打开男士护肤品广告素材

图 7-172　"图层"面板

执行"图层→图层蒙版"命令，在"图层蒙版"子菜单中显示了可以用于创建图层蒙版的命令，如图 7-173 所示。执行某个子菜单命令，即可为该图层创建相应的图层蒙版，例如执行"图层蒙版"子菜单中的"显示全部"命令，创建一个空白蒙版，效果如图 7-174 所示。

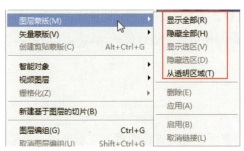

图 7-173　"图层蒙版"子菜单　　　　　图 7-174　创建蒙版

2. 在"图层"面板中创建图层蒙版

单击"图层"面板上的"添加图层蒙版"按钮，即可为所选择的图层添加蒙版，添加蒙版的效果与通过菜单命令添加蒙版的效果相同。

> **提示** ▶ 在 Photoshop CS6 及以上版本中，通过单击"图层"面板上的"添加图层蒙版"按钮，可以直接为"背景"图层添加图层蒙版，而在以前版本中，需要将"背景"图层转换为普通图层才可以添加图层蒙版。

☆**技巧**☆默认情况下，单击"图层"面板上的"添加图层蒙版"按钮，可以为当前图层添加白色蒙版，如果按住 Alt 键单击"添加图层蒙版"按钮，可以为当前图层添加黑色蒙版。

3. 创建填充或调整图层时自动创建图层蒙版

单击"图层"面板上的"创建新的填充或调整图层"按钮，弹出的菜单如图 7-175 所示。在弹出的菜单中选择任意一个选项，在"图层"面板中创建新的填充或调整图层，在填充或调整图层的后方会自动创建图层蒙版，如图 7-176 所示。

图 7-175　"填充或调整图层"弹出菜单　　　　　图 7-176　自动添加图层蒙版

◎ **疑问解答　蒙版的作用是什么？**

蒙版是一种特殊的选区，但它的目的并不是对选区进行操作，常规的选区表现了一种操作趋向，即将对所选区域进行处理；而蒙版却相反，它是对所选区域进行保护，让其免于操作，而对非掩盖的地方应用操作。

7.4.2 编辑图层蒙版

通过图层蒙版可以将图层中多余的内容以蒙版的形式进行隐藏，可以使用如画笔、渐变等工具对这些需要进行隐藏或显示的区域进行编辑。

实战：制作时尚女包宣传广告

源文件：源文件\第 7 章\7-4-2.psd　　视频：视频\第 7 章\7-4-2.mp4

视频

01 执行"文件→新建"命令，弹出"新建"对话框，设置如图 7-177 所示，单击"确定"按钮，新建空白文件。设置"前景色"为 RGB（244，200，130），按快捷键 Alt+Delete，为画布填充前景色，如图 7-178 所示。

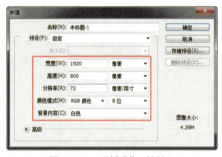

图 7-177　"新建"对话框　　　　　　　　　图 7-178　为画布填充前景色

02 新建图层组，将其重命名为"背景"，使用"直线工具"，在选项栏中设置"填充"为白色，"描边"为无，"粗细"为 1 像素，在画布中绘制水平直线，并设置该图层的"不透明度"为 60%，如图 7-179 所示。复制"形状 1"图层得到"形状 1 副本"图层，为该图层添加图层蒙版，如图 7-180 所示。

图 7-179　绘制直线并设置不透明度　　　　图 7-180　复制图层并添加图层蒙版

03 将复制得到的直线向下移至合适的位置，使用"画笔工具"，设置"前景色"为黑色，在图层蒙版中进行涂抹，将不需要的部分隐藏，如图 7-181 所示。将"形状 1"图层复制两次，分别将复制得到的直线进旋转，并调整到合适的位置，如图 7-182 所示。

图 7-181　在图层蒙版中涂抹隐藏不需要的部分　　　　图 7-182　复制图层并进行旋转调整

提示　▶　在对图层蒙版进行操作时需要注意，必须单击图层蒙版缩览图选中需要操作的图层蒙版，才能够针对图层蒙版进行操作。

04 使用"钢笔工具"，在选项栏中设置"工具模式"为"形状"，"填充"为 RGB（207，132，52），"描边"为无，在画布中绘制形状图形，如图 7-183 所示。打开并拖入素材"源文件\第 7 章\素材\74201.jpg"，调整到合适的大小和位置，如图 7-184 所示。

图 7-183　绘制形状图形　　　　　　　　　图 7-184　打开并拖入水面素材

05 隐藏"图层 1"，使用"钢笔工具"，在选项栏中设置"工具模式"为"路径"，根据"形状 2"图层中图形的形状绘制路径，如图 7-185 所示。显示"图层 1"，按快捷键 Ctrl+Enter，将路径转换为选区，如图 7-186 所示。

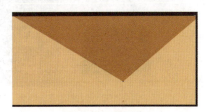

图 7-185　绘制路径　　　　　　　　　　　图 7-186　将路径转换为选区

06 单击"图层"面板上的"添加图层蒙版"按钮 ▢，通过选区创建图层蒙版，效果如图 7-187 所示。打开并拖入素材"源文件\第 7 章\素材\74202.jpg"，调整到合适的大小和位置，如图 7-188 所示。

提示　▶　在当前图层中存在选区的情况下单击"图层"面板上的"添加图层蒙版"按钮 ▢，则可以保留选区中的图像，而将选区以外的图像全部隐藏。

图 7-187 通过选区创建图层蒙版

图 7-188 打开并拖入光点素材

07 按住 Ctrl 键单击"图层 1"的图层蒙版缩览图，载入图层蒙版选区，如图 7-189 所示。选择"图层 2"，单击"图层"面板上的"添加图层蒙版"按钮，通过选区创建图层蒙版，设置该图层的"混合模式"为"滤色"，效果如图 7-190 所示。

图 7-189 载入图层蒙版选区

图 7-190 通过选区创建图层蒙版

◎ **技术看板** 查看蒙版图像

按住 Alt 键单击图层蒙版缩览图，可以在文件画布中显示出蒙版图像的效果，可以在该蒙版图像中进行编辑处理，处理完成后，再次按住 Alt 键单击图层蒙版缩览图或直接单击图层缩览图，即可返回正常的文件编辑状态。

08 在"背景"图层组上方新建名称为"产品"的图层组，拖入产品图像"源文件\第 7 章\74203.png"，如图 7-191 所示。按住 Ctrl 键单击"图层 3"缩览图，载入产品选区，执行"选择→修改→羽化"命令，在弹出对话框中设置"羽化半径"为 10 像素，新建"图层 4"，为选区填充黑色，如图 7-192 所示。

图 7-191 拖入女包商品图像

图 7-192 为选区填充黑色

09 按快捷键 Ctrl+D，取消选区，按快捷键 Ctrl+T，调出自由变换框，对图形进行缩放和斜切处理，如图 7-193 所示。按 Enter 键，确认变换操作，将"图层 4"移至"图层 3"下方，并为该图层添加图层蒙版，如图 7-194 所示。

10 使用"渐变工具"，设置从黑色到白色的渐变颜色，选中图层蒙版，在画布中拖曳为图层蒙版填充黑白线性渐变，效果如图 7-195 所示。复制"图层 3"，得到"图层 3 副本"图层，执行"编辑→变换→垂直翻转"命令，将复制得到的图像进行垂直翻转，并向下移至合适的位置，如图 7-196 所示。

图7-193 对阴影图像进行变换处理

图7-194 添加图层蒙版

图7-195 在图层蒙版中填充黑白渐变

图7-196 复制图像并垂直翻转

11 为"图层3 副本"添加图层蒙版,使用"渐变工具",在图层蒙版填充黑白线性渐变,效果如图7-197所示。将"图层3 副本"移至"图层4"下方,并将该图像稍稍向上移动位置,如图7-198所示。

图7-197 在图层蒙版中填充黑白渐变

图7-198 调整图层叠放顺序

提示 使用"渐变工具"对蒙版填充渐变是编辑图层蒙版的方法之一,通过这种方法,可以使图层中图像与下方图像之间的融合效果更加柔和,可以将这种方法称为渐变蒙版。

12 在"背景"图层上方新建"图层5",使用"画笔工具",设置"前景色"为白色,选择柔角笔触,在画布中合适的位置涂抹,设置该图层的"不透明度"为60%,效果如图7-199所示。在"产品"图层组上方新建名称为"文案"的图层组,使用"横排文字工具",在画布中单击并输入文字,如图7-200所示。

图7-199 使用画笔工具涂抹

图7-200 输入文字

13 为文字图层添加图层蒙版，使用"钢笔工具"，在画布中绘制路径，按快捷键 Ctrl+Enter，将路径转换为选区，如图 7-201 所示。选择图层蒙版，为选区填充黑色，取消选区，效果如图 7-202 所示。

图 7-201　将路径转换为选区

图 7-202　文字效果

14 使用"直线工具"，在选项栏中设置"工具模式"为"形状"，"填充"为 RGB（120，140，150），"描边"为无，"粗细"为 2 像素，在画布中绘制直线，如图 7-203 所示。使用相同的制作方法，在画布中输入其他文字，如图 7-204 所示。

图 7-203　绘制直线

图 7-204　输出其他文字

15 完成该时尚女包宣传广告的设计，最终效果如图 7-205 所示。

图 7-205　最终效果

7.4.3　应用和删除图层蒙版

在为图层添加蒙版后，对图层蒙版进行的一切修改都会通过蒙版作用在图层中，从而使图层中的图像发生相应变化，而且这种变化只是针对图层蒙版的，对于图层本身不会造成任何影响或损坏。而且添加的蒙版可以应用于图层中，也可以被删除。

确认需要应用的图层蒙版处于选中状态，执行"图层→图层蒙版→应用"命令，应用图层蒙版后"图层"面板显示如图 7-206 所示。按住 Alt 键单击该图层左侧的"指示图层可见性"按钮，隐藏其他图层，只显示该图层，可以看到应用图层蒙版后，该图层中的图像被永久性修改，如图 7-207 所示。

图7-206　应用图层蒙版

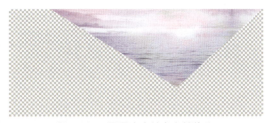
图7-207　图层内容被永久性修改

删除图层蒙版的方法有很多种，不同的情况删除的方式也有所不同。选择蒙版缩览图，拖曳其到"删除图层"按钮上，如图7-208所示。此时，弹出提示对话框，如图7-209所示。

在提示对话框中单击"应用"按钮，则将图层蒙版应用到当前图层中，如图7-210所示。如果单击"删除"按钮，则直接删除图层蒙版而不进行应用，该图层中的图像不会受到任何影响，恢复到原始的状态，如图7-211所示。

图7-208　删除蒙版

图7-209　提示对话框

图7-210　将蒙版应用到图层

图7-211　删除蒙版

> **提示** ▶▶ 在图层蒙版缩览图上右击，在弹出的快捷菜单中选择"删除图层蒙版"选项，也可以将蒙版删除，还可以执行"图层→图层蒙版→删除"命令，直接将图层蒙版删除。

◎ **技术看板**　快速显示和隐藏图层蒙版

在实际操作过程中为了方便观察图像的效果，一般只是暂时停用图层蒙版，启用或停用图层蒙版的操作非常简单，只需要按住Shift键同时单击蒙版缩览图，此时图层蒙版上显示红色的X号，即可停用图层蒙版，直接单击停用的图层蒙版，即可启用图层蒙版。

7.5　本章小结

使用Photoshop对商品图像进行设计处理时，有效结合图层与蒙版的功能不但能够使读者深刻掌握它们的使用方法和技巧，而且还能够为图像设计处理的思路带来灵感。完成本章内容的学习，读者需要能够掌握图层与蒙版的操作和使用方法，并能够在图像设计处理过程中灵活运用。

第 8 章　宣传语——文字的使用

在商品图像中添加文字可以起到丰富图像表现主题的作用，用户可以在 Photoshop 中使用文字工具，制作基于商品图像表现主题的各种文字效果。在本章中主要向读者介绍了商品图像设计中的文字处理相关知识，并且对 Photoshop 中的文字工具和相关功能进行了介绍，使读者能够使用 Photoshop 制作出各种表现形式的文字效果。

8.1　理解淘宝店铺设计文案

商品宣传文案是很多淘宝店铺在设计商品图像时容易忽视的一个环节，但是其重要性不言而喻，好的商品设计文案，可以使该商品的宣传效果更加突出。

8.1.1　文案的内容

淘宝店铺的商品宣传文案主要是由 3 个部分组成的，包括文案内容、图案图形和整体构图设计，如图 8-1 所示。

图 8-1　商品宣传文案的构成

如今只有文字的商品宣传文案已经无法打动消费者，即使文字描述写得再动人，消费者需要的是图像与文字的结合，更加直观的感受，甚至是能用图像说明白的内容就尽量不要使用文字描述，图文相结合的商品宣传文案则能够引导消费者更好地理解和接受商品，如图 8-2 所示。

图 8-2　图文结合的商品宣传

8.1.2　文案策划

一个好的商品宣传文案可以提高转化率，减少消费者咨询的时间成本，优化用户体验，增加品牌美誉度。如何才能将组成文案的 3 部分内容策划成一个好的文案呢？可以从以下 3 个方面进行考虑。

1. 商品的卖点

商品的卖点可以通过商品的说明书、商品某方面的特性来提炼，也可以通过对文案的策划来获得。例如男装百分百纯棉、智能手机双网双待等，这些都是商品的卖点。商品限时促销，搭配赠送也同样可以经过策划作为卖点来吸引消费者。图 8-3 所示为突出商品卖点的文案策划。

2. 消费者的需求

消费者的需求就是消费者的期望，而这种期望一定是针对消费者日常行为中的某种存在的问题，我们的商品宣传文案应该致力于如何能够确实解决消费者面临的问题，而最终的解决方案又可以说服消费者，不用增加过多的消费者负担，这样的商品对消费者才有足够的吸引力，如图 8-4 所示为突出消费者需求的文案策划。

图 8-3　突出卖点的文案策划

图 8-4　突出消费者需求的文案策划

3. 文案的表达

文案的表达方式首先应该保证逻辑的通顺，其次要简洁生动地表达出商品最核心的部分，以强有力的视觉冲击吸引消费者，吸引其继续往下看并且最终购买商品。应该通过文案的表达告诉消费者拥有商品之后他可以做什么，让消费者感觉拥有该商品之后能满足自己某一方面的需求，比如满足感、幸福感或安全感等，如图 8-5 所示。

图 8-5　文案表达主题

8.2　如何在店铺广告中输入文字

在淘宝店铺设计中，图像和文字都是重要的组成部分，因此正确使用文字在店铺广告设计中的视觉作用是非常重要的，文字不仅可以传达重要的信息，并且通过精心编排还能起到美化版面和强化主题的作用。

8.2.1　认识 Photoshop 文字工具

在 Photoshop 中有 4 种关于文字的工具，右击工具箱中的"横排文字工具"按钮 T ，在打开的工具组中可看到包含了"横排文字工具""直排文字工具""横排文字蒙版工具""直排文字蒙版工具"。

在使用文字工具输入文字之前，需要在选项栏或"字符"面板中设置字符的属性，包括字体、大小、文字颜色等。图 8-6 所示为"横排文字工具"的选项栏。

图 8-6 "横排文字工具"选项栏

8.2.2 输入点文字

在图像或广告上添加文字可以增加该商品图像和广告的吸引力。在 Photoshop 中，输入的文字分为两种类型，分别是点文字和段落文字。

点文字是一个水平或垂直的文本行，在处理标题等字数较少的文字时，可以通过点文字来完成。

视频

实战：输入广告文字

源文件：源文件\第 8 章\8-2-2.psd　　　视频：视频\第 8 章\8-2-2.mp4

01 执行"文件→打开"命令，打开素材图像"源文件\第 8 章\素材\82201.jpg"，效果如图 8-7 所示。设置"前景色"为白色，单击工具箱中的"横排文字工具"按钮 T，在选项栏中进行相应的设置，如图 8-8 所示。

图 8-7 打开护肤品广告素材　　　图 8-8 设置选项栏

02 完成选项栏的设置，在图像上单击，设置插入点，如图 8-9 所示。输入文字，如图 8-10 所示。如果想移动文字的位置，可将光标移至字符以外，单击并拖曳即可。使用"矩形工具"，在选项栏中设置"填充"为 RGB（192，20，44），"描边"为无，在图像中拖曳绘制一个矩形，如图 8-11 所示。

图 8-9 设置插入点　　　图 8-10 输入文字　　　图 8-11 绘制矩形

提示 ▶▶ 完成文字的输入，可以单击选项栏中的"提交所有当前编辑"按钮 ✓，确认文字的输入，还可以单击任意其他工具，或按快捷键 Ctrl+Enter 都可以确认文字的输入操作。

03 使用"横排文字工具",在选项栏中对相关选项进行设置,如图 8-12 所示。在图像中合适的位置单击并输入文字,完成文字的输入,效果如图 8-13 所示。在"图层"面板中可以看到自动生成相应的文字图层,如图 8-14 所示。

图 8-12 设置选项栏　　　　　图 8-13 输入文字　　　图 8-14 "图层"面板

8.2.3 输入段落文字

当需要输入大量的文字内容时,可以将文字以段落的形式进行输入。输入段落文字时,文字会基于文本框的大小自动换行。用户可以根据需要自由调整定界框的大小,使文字在调整后的文本框中重新排列,也可以在输入文字时或创建文字图层后调整定界框。

> **实战:输入商品描述段落文字**
> 源文件:源文件\第 8 章\8-2-3.psd　　视频:视频\第 8 章\8-2-3.mp4

视频

01 打开素材图像"源文件\第 8 章\素材\82301.jpg",使用"横排文字工具",在想要输入文字的位置单击鼠标左键并拖曳,拖曳出一个文本定界框,如图 8-15 所示。在选项栏上对相关选项进行设置,如图 8-16 所示。

图 8-15 绘制文本框　　　　　　图 8-16 设置选项栏

02 设置完成后,在文本定界框内输入文字,如图 8-17 所示。使用"横排文字工具",选中文本定界框中部分文字内容,在选项栏进行相应的设置,如图 8-18 所示。

图 8-17 在文本框中输入文字　　　图 8-18 设置文字属性

03 设置完成后,可以看到文字的效果,如图 8-19 所示。部分文字超出了文本定界框被隐藏了,可以通过拖曳文本定界框的方法将文本定界框放大一些,并调整文字到合适的位置,按快捷键 Ctrl+Enter,确认段落文字的输入,效果如图 8-20 所示。

图 8-19 文字效果

图 8-20 调整文本定界框大小

☆**技巧**☆ 如果需要移动文本定界框，可以按住 Ctrl 键不放，然后将光标移至文本框内（光标会变成 ▶ 形状），拖曳即可移动该定界框；如果移动鼠标指针到定界框四周的控制点上，按下鼠标指针拖曳，可以对定界框进行缩放或变形。

8.3 沿路径排列文字

路径文字是指创建在路径上的文字，文字会沿着路径排列，改变路径形状时，文字的排列方式也会随之改变。Photoshop 中增加了路径文字功能后，文字的处理方式就变得更加灵活了。

8.3.1 创建沿路径排列文字

在 Photoshop 中，若想要创建沿路径排列的文字，首先需要创建一个路径，然后才能在该路径的基础上创建路径文字，路径文字的效果在商品宣传广告设计中非常常见。

视频

实战：制作路径文字效果

源文件：源文件\第 8 章\8-3-1.psd   视频：视频\第 8 章\8-3-1.mp4

01 打开素材图像"源文件\第 8 章\素材\83101.jpg"，效果如图 8-21 所示。使用"钢笔工具"，在选项栏中设置"工具模式"为"形状"，"填充"为白色，"描边"为无，在图像中绘制形状图形，如图 8-22 所示。

图 8-21 打开女鞋广告素材

图 8-22 绘制形状图形

02 设置"形状 1"图层的"混合模式"为"柔光"，效果如图 8-23 所示。新建图层，使用"钢笔工具"，在选项栏中设置"工具模式"为"路径"，在图像中绘制曲线路径，如图 8-24 所示。

图 8-23　设置图层混合模式效果　　　　　　图 8-24　绘制曲线路径

03 使用"横排文字工具",打开"字符"面板,对文字的相关属性进行设置,如图 8-25 所示。并将光标放在路径上,待光标指针变成如图 8-26 所示的状态时单击鼠标。

04 此时画布中会出现闪烁的"I"形光标,输入文字即可沿着路径排列,如图 8-27 所示。选中刚输入的路径文字中相应的字符,在"字符"面板中设置其"字体"和"字体大小"选项,效果如图 8-28 所示。

图 8-25　设置文字属性　　　　　　图 8-26　将光标移至路径上

图 8-27　输入路径文字　　　　　　图 8-28　设置文字属性

05 使用"横排文字工具",在"字符"面板中进行设置,在画布中单击输入相应的文字,如图 8-29 所示。使用相同的制作方法,输入其他文字内容,效果如图 8-30 所示。

图 8-29　输入文字　　　　　　图 8-30　最终效果

8.3.2　移动与翻转路径文字

有时候,创建的路径文字在位置或者方向上可能不尽如人意,这时,我们便可以通过移动或翻转路径文字来调整路径文字效果。

在"图层"面板中选择需要调整的路径文字图层,如图 8-31 所示。使用"直接选择工具"

或"路径选择工具",将光标定位到文字上,光标指针会变为 状,如图 8-32 所示。

图 8-31 选择路径文字图层

图 8-32 定位光标位置

单击并沿着路径拖曳光标可以移动文字,如图 8-33 所示。单击并向路径的另一侧拖曳文字,可以将文字翻转,如图 8-34 所示。

图 8-33 移动路径文字位置

图 8-34 翻转路径文字

8.3.3 编辑文字路径

如果是对创建好的文字路径不满意,可以使用"直接选择工具"来调整文字的路径,直到满意为止。

使用"直接选择工具",单击文字路径显示锚点,如图 8-35 所示。移动锚点或者调整方向线修改路径的形状,如图 8-36 所示。

图 8-35 显示路径锚点

图 8-36 调整路径形状

完成对路径的调整后,路径文字会沿修改后的路径重新排列。

8.4 变形文字

变形文字是指对创建的文字进行变形处理后得到的文字效果,例如可以将文字变形为扇形或波浪形,下面就将对变形文字的操作进行相应的讲解。

8.4.1 创建变形文字

通过创建变形文字效果可以将原本呆板生硬的文字变得富有生机和活力,从而增加图像的观赏性。

选择文字图层，执行"文字→文字变形"命令，弹出"变形文字"对话框，如图 8-37 所示。在该对话框中的"样式"下拉列表中可以选择一种预设的文字变形效果，通过其他选项可以设置文字的弯曲程度，以及分别在水平和垂直方向上的扭曲程度，从而得到不同的文字变形效果。

图 8-37　"变形文字"对话框

> **实战：制作变形文字效果**
> 源文件：源文件\第 8 章\8-4-1.psd　　　视频：视频\第 8 章\8-4-1.mp4

视频

01 打开素材图像"源文件\第 8 章\素材\84101.jpg"，效果如图 8-38 所示。使用"椭圆工具"，在选项栏中设置"工具模式"为"形状"，"填充"为 RGB（251，237，68），"描边"为无，按住 Shift 键在图像中绘制正圆形，如图 8-39 所示。

图 8-38　打开广告背景素材

图 8-39　绘制正圆形

02 为"椭圆 1"图层添加"投影"图层样式，对相关选项进行设置，如图 8-40 所示。单击"确定"按钮，完成"投影"图层样式的添加，效果如图 8-41 所示。

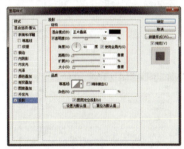

图 8-40　设置"投影"图层样式

图 8-41　应用"投影"图层样式效果

03 新建图层，使用"钢笔工具"，在选项栏中设置"工具模式"为"形状"，"填充"为 RGB（0，175，230），"描边"为无，在画布中绘制形状图形，如图 8-42 所示。继续使用"钢笔工具"，在画布中绘制形状图形，如图 8-43 所示。

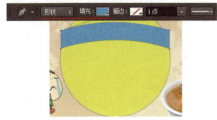

图 8-42　绘制形状图形

图 8-43　绘制形状图形

04 复制"形状2",得到"形状2副本"图层,执行"编辑→变换路径→水平翻转"命令,将复制得到的图形水平翻转,并向左移至合适的位置,如图8-44所示。使用"横排文字工具",在"字符"面板中进行设置,在画布中单击输入文字,如图8-45所示。

图8-44 复制图形并翻转移至合适位置

图8-45 输入文字

05 使用"横排文字工具",在"字符"面板中进行设置,在画布中单击输入文字,如图8-46所示。执行"文字→文字变形"命令,弹出"变形文字"对话框,在"样式"下拉列表中选择"扇形",对相关选项进行设置,如图8-47所示。

图8-46 输入文字

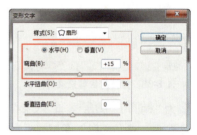

图8-47 "变形文字"对话框

06 单击"确定"按钮,应用文字变形效果,如图8-48所示。为该变形文字图层添加"投影"图层样式,对相关选项进行设置,如图8-49所示。

图8-48 文字变形效果

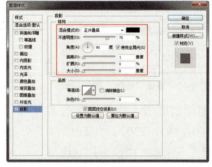

图8-49 设置"投影"图层样式

07 单击"确定"按钮,完成"投影"图层样式的添加,效果如图8-50所示。使用"横排文字工具",在"字符"面板中进行设置,在画布中单击输入文字,如图8-51所示。

08 选中刚输入文字中的第一个字母,在"字符"面板中设置其"字体大小"属性,效果如图8-52所示。使用相同的制作方法,在画布中输入其他文字内容,完成该广告的制作,最终效果如图8-53所示。

图 8-50 应用"投影"样式效果

图 8-51 输入文字

图 8-52 设置"字体大小"属性

图 8-53 最终效果

8.4.2 重置变形与取消变形

使用"横排文字工具"和"直排文字工具"创建的文本，在没有将其栅格化或者转换为形状前，可以随时重置与取消变形。

打开素材"源文件\第 8 章\素材\84201.psd"，效果如图 8-54 所示。选择一种文字工具，单击选项栏中的"创建文字变形"按钮，或执行"文字→文字变形"命令，弹出"变形文字"对话框，修改变形参数，或者在"样式"下拉列表中选择另外一种样式，即可重置文字变形，如图 8-55 所示。

图 8-54 打开化妆品广告素材

图 8-55 重置文字变形效果

在"变形文字"对话框的"样式"下拉列表中选择"无"选项，如图 8-56 所示。单击"确定"按钮，关闭对话框，即可将文字恢复为变形前的状态，如图 8-57 所示。

图 8-56 设置"样式"为无

图 8-57 取消文字变形效果

8.5 店铺中的文字设计技巧

文字是人们在长期生活中固化下来的一种图形符号。它已经在人们的意识中形成一种常性认识,即只要将线条按照我们熟悉的结构组织到一起,就可以将其确定为文字,而不再将其视为"图形",阅读成为文字的基本属性。

8.5.1 文字的图形化

实现字义与语义的功能以及美学效应是字体的基本作用。文字的图形化是指既强调它的美学效应,又把文字作为记号性图形元素来表现,强化其原有的功能。为了能够更好地实现自己的设计目标,设计者不仅可以按照常规的方式来设置字体,同时也可以对字体进行艺术化的设计,将文字图形化、意象化,以更富创意的形式表达出深层的设计思想,这样不仅能够打动人心,还可以克服页面的单调与平淡。图 8-58 所示商品宣传广告中对主题文字进行图形化艺术处理,有效地突出主题的表现力,使商品宣传广告更加具有艺术性。

图 8-58 文字图形化艺术处理

8.5.2 文字的重叠

重叠是指根据版面设计的要求对文字、图像等不同的视觉元素进行重叠的安排。文字与文字之间和文字与图像之间在经过重叠后,可以产生空间感、层次感、跳跃感、透明感、叙事感,从而使整个页面更加活跃、有生机、引人注目。尽管重叠手法会影响文字的可读性,但是它独特的页面效果能够给人带来不同的视觉享受,这种表现手法,体现了一种艺术创意。所以,它不仅大量运用于传统的版式设计,在商品广告设计中也被广泛运用。图 8-59 所示的是淘宝店铺商品广告中文字的重叠排版处理。

图 8-59 文字重叠排版处理

8.5.3 文字的整体性

在文字设计中,即使文字仅仅是一个品牌名称、词组或是一句话,也应该将其作为整体来看待,这就是文字设计整体性的概念。将文字单个割裂开来、一字一形或各自为攻,互无关联,都会降低文字图形的视觉强度,无法起到吸引受众视线的作用。因此,需要从字形、笔形、结构及手法上追求统一性。

其实，文字设计的整体性最主要的是表现在笔形方面，即追求笔形形状、大小、宽窄、方向性的一致。在段落文字设计中需要注意高度的统一以形成集聚的视觉力量。在文字段落结构方面，字与字之间则要相互穿插，互相补充。为了避免整个版面的呆板，也可以通过辅助图形将文字统辖在一起，形成整体，增强文字的趣味性，如图 8-60 所示。

图 8-60　主题文字形成一个整体

8.5.4　让文字更易读

文字是帮助浏览者获得淘宝店铺信息的重要手段，因而文字的易读性和辨识性是设计淘宝店铺时的重点。

正确的文字和配色方案是好的视觉设计基础。页面中的文字受屏幕分辨率和浏览器的限制，但是仍有一些通用的准则：文字必须清晰可读，大小合适，文字的颜色和背景色有较为强烈的对比度，文字周围的设计元素不能对文字造成干扰。图 8-61 所示的商品介绍中文本采用图表的表现形式，更容易阅读。

图 8-61　文字内容排版更清晰易读

在对淘宝店铺中的文字进行排版布局设计时需要注意以下几点。

（1）字体颜色与背景颜色对比明显。
（2）字体颜色不要太多、太杂。
（3）有链接的字体要有提示，最好采用默认链接样式。
（4）标题和正文所用的文字大小有所区别。
（5）英文和数字应该选用与中文字体和谐的字体。

> **实战：制作店铺广告变形文字**
> 源文件：源文件 \ 第 8 章 \ 8-5-4.psd　　视频：视频 \ 第 8 章 \ 8-5-4.mp4

视频

01 执行"文件→新建"命令，弹出"新建"对话框，设置如图 8-62 所示。单击"确定"按钮，新建一个空白文件，设置"前景色"为 RGB（217，35，56），按快捷键 Alt+Delete，为画布填充前景色，如图 8-63 所示。

图 8-62 "新建"对话框

图 8-63 为画布填充背景色

02 新建名称为"背景"的图层组,使用"椭圆工具",在选项栏中设置"工具模式"为"形状","填充"为 RGB(255,133,0),"描边"为无,按住 Shift 键在画布中绘制正圆形,如图 8-64 所示。复制"椭圆 1"图层,将复制得到的正圆形等比例缩小,并修改其"填充"为 RGB(255,192,0),效果如图 8-65 所示。

图 8-64 绘制正圆形

图 8-65 复制正圆形并等比例缩小

☆**技巧**☆ 同时按住 Alt 和 Shift 键对图形进行缩放操作,可以按照图形的中心点对图形进行等比例缩放。

03 使用相同的制作方法,将该正圆形复制多次并分别进行调整,效果如图 8-66 所示。在"背景"图层组上方新建名称为"主题文字"的图层组,使用"横排文字工具",在"字符"面板中进行设置,在画布中单击并输入文字,如图 8-67 所示。

图 8-66 多次复制正圆形并调整

图 8-67 输入文字

提示 ▶▶ 在使用矢量绘图工具时,可以在选项栏中修改所绘制形状图形的填充颜色,还可以双击该形状图层缩览图,在弹出的"拾色器"对话框中修改形状图形的填充颜色。

04 选择文字图层,执行"文字→转换为形状"命令,将文字转换为形状图形,如图 8-68 所示。使用"直接选择工具",选中文字路径上相应的锚点,按 Delete 键,将其删除,如图 8-69 所示。

图 8-68 将文字转换为形状图形

图 8-69 将部分锚点删除

05 使用"直接选择工具",选中"秒"字上的锚点进行拖曳调整,从而对文字实现变形处理,效果如图 8-70 所示。使用"路径选择工具",选中"杀"字的整体路径,将其向上移动,调整至合适的位置,如图 8-71 所示。

图 8-70 调整文字路径

图 8-71 将文字形状向上移动位置

06 使用"直接选择工具",选中"杀"字上相应的锚点,拖曳描点进行调整,如图 8-72 所示。使用相同的制作方法,对"杀"字上的其他锚点分别进行拖曳调整,从而改变文字的形状,效果如图 8-73 所示。

图 8-72 调整文字形状

图 8-73 完成文字形状调整

07 使用"横排文字工具",在"字符"面板中进行设置,在画布中单击输入其他文字,如图 8-74 所示。使用相同的制作方法,将文字转换为形状,通过拖曳锚点的方式对文字形状进行修改,如图 8-75 所示。

图 8-74 输入文字

图 8-75 调整文字形状

08 使用"钢笔工具",在选项栏中设置"工具模式"为"形状",在画布中沿着主题文字的轮廓绘制形状图形,并将该图层移至"主题文字"图层组下方,效果如图 8-76 所示。为该图层添加"渐变叠加"图层样式,对相关选项进行设置,如图 8-77 所示。

图 8-76　绘制形状图形

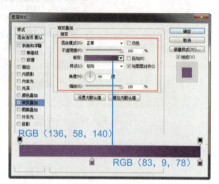

图 8-77　设置"渐变叠加"图层样式

09 单击"确定"按钮,完成"渐变叠加"图层样式的添加,效果如图 8-78 所示。为"主题文字"图层组添加"外发光"图层样式,在弹出对话框中对相关选项进行设置,如图 8-79 所示。

图 8-78　应用"渐变叠加"样式效果

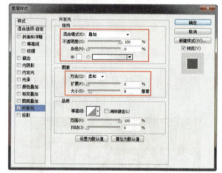

图 8-79　设置"外发光"图层样式

10 单击"确定"按钮,完成"外发光"图层样式的添加,效果如图 8-80 所示。在"主题文字"图层组上方新建名称为"其他"的图层组,新建"图层 1",使用"画笔工具",设置"前景色"为黑色,选择硬边笔触,在图像中进行涂抹绘制,如图 8-81 所示。

图 8-80　应用"外发光"样式效果

图 8-81　绘制图形

11 打开并拖入素材图像"源文件\第 8 章\素材\85401.png",调整到合适的位置,如图 8-82 所示。为该图层添加"投影"图层样式,对相关选项进行设置,如图 8-83 所示。

图 8-82 拖入素材图像

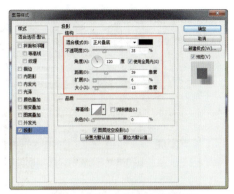

图 8-83 设置"投影"图层样式

12 单击"确定"按钮,完成"投影"图层样式的添加,效果如图 8-84 所示。使用"矩形工具",在选项栏中设置"工具模式"为"形状","填充"为 RGB(71,2,67),在画布中绘制矩形,如图 8-85 所示。

图 8-84 应用"投影"样式效果

图 8-85 绘制矩形

13 使用"添加锚点工具",在刚绘制的矩形左侧边缘单击添加锚点,使用"直接选择工具"选中刚添加的锚点,对其进行调整,如图 8-86 所示。复制"矩形 1",得到"矩形 1 副本"图层,将复制得到的图形水平翻转并向右移至合适的位置,如图 8-87 所示。

图 8-86 添加锚点并调整

图 8-87 复制图形并调整

14 使用相同的制作方法,可以绘制出其他相似的图形效果,如图 8-88 所示。使用"横排文字工具",在画布中输入相应的文字,并拖入相应的素材图像,如图 8-89 所示。

15 使用"钢笔工具",在画布中绘制多个不同颜色、大小和位置的小三角形进行装饰,完成该淘宝店铺广告的设置制作,最终效果如图 8-90 所示。

图 8-88　完成相似图形的绘制

图 8-89　输入文字并拖入素材图像

图 8-90　最终效果

8.6　本章小结

在 Photoshop 中，用户不但可以对文字设置各种格式和样式，还可以对文字进行变形操作，轻松地将文字与商品图像设计完美地结合在一起。通过本章内容的学习，读者需要掌握在商品图像设计中添加文字的方法，并且能够根据商品图像的设计风格制作出风格统一的文字效果。

第 9 章　综合案例

为了更好地进行商品推广，常常需要为商品设计一些推广图像，包括直通车图像、钻展图像、宣传海报等，精美的图像设计能够有效吸引消费者的目光，从而为店铺起到很好的推广作用。本章对店铺设计中的店标、店招、直通车、钻展、海报和页面设计分别进行介绍，并通过多个案例的制作，使读者能够掌握不同图像设计表现方法。

9.1　店标和店招设计

店标和店招都是网上店铺设计核心元素之一，通常出现在网店页面的头部，使消费者刚进入页面就能够注意到，出色的网店店标和店招设计能够给消费者留下深刻的印象。

9.1.1　店标设计要求

店标是传达信息的重要手段，店标设计不仅仅是一般的图案设计，最重要的是要体现店铺的精神、商品的特征，甚至店主的经营理念等。一个好的店标设计，除了传达明确信息外，还在方寸之间表现出深刻的精神内涵和艺术感染力，给人以柔和、饱满、和谐的感觉。

1. 创意新颖，表现独特

店标的设计可以说是一种艺术创作，需要设计师从生活中、从店铺规划中捕捉创作的灵感。店标是用来表达店铺独特性质的，要让用户认清店铺的独特品质、风格和情感，因此，店标在设计上除了要追求艺术性外，还需要体现创意性和个性化。

设计新颖独特店标的根本性原则就是要设计出可视性高的视觉形象，要善于使用夸张、重复、节奏、抽象和寓意的手法，使设计出来的店标达到易于识别、便于记忆的功能。图 9-1 所示为一些设计新颖独特的店标。

图 9-1　新颖独特的店标设计

2. 信息明确，表达清晰

店标是一种直接表达的视觉语言，要求产生瞬间效应，因此店标设计要求简练、明确、醒目。图案切忌复杂，也不宜过于含蓄，要做到精致巧妙、清晰醒目，从各个角度、各个方向上看都有较好的识别性。

　　另外，店标不仅仅是起视觉的作用，还表达了一定的含义，传达了明确的信息，给买家留下美好的、独特的印象。图 9-2 所示为一些意义表达明确的店标。

图 9-2　意义表达明确的店标设计

3. 美观大方，视觉表现强烈

　　店标设计要符合大众的审美观，用户在观察一个店标的同时，也是一种审美的过程。在审美过程中，用户把视觉所感受的图形，使用社会公认的相对客观的标准进行评价、分析和比较，引起美感冲动。这种美的冲动会传入大脑留下记忆。因此，店标设计就要形象并具有简练清晰的视觉效果和视觉冲击力，图 9-3 所示为视觉效果突出的店标设计。

图 9-3　视觉效果突出的店标设计

9.1.2　设计户外运动网店店标

　　本案例设计一个户外运动网店的店标，将店标设计为圆形，运用几何图形的结合，表现出高山与草地的图形效果，店铺名称与运动人物剪影相结合，使得户外运动的主题表现非常明确、直观，具有很好的视觉表现效果。

实战：设计户外运动网店店标

源文件：源文件 \ 第 9 章 \ 9-1-2.psd　　视频：视频 \ 第 9 章 \ 9-1-2.mp4

01 执行"文件→新建"命令，弹出"新建"对话框，设置如图 9-4 所示，单击"确定"按钮，新建空白文件。打开并拖入素材图像"源文件 \ 第 9 章 \ 素材 \91201.jpg"，效果如图 9-5 所示。

图 9-4　"新建"对话框　　　　　　　　　　图 9-5　拖入背景素材图像

02 使用"椭圆工具",在选项栏中设置"填充"为无,"描边"为RGB(20,20,20),"描边宽度"为10点,按住Shift键在画布中绘制正圆形,如图9-6所示。复制"椭圆1",得到"椭圆1副本"图层,按快捷键Ctrl+T,显示自由变换框,同时按住Shift+Alt键,将图形等比例缩小,效果如图9-7所示。

图9-6 绘制正圆形

图9-7 复制图形并等比例缩小

03 使用"多边形工具",在选项栏中设置"填充"和"描边"均为RGB(20,20,20),"描边宽度"为3点,"边"为3,在画布中绘制三角形,如图9-8所示。按快捷键Ctrl+T,对三角形进行缩放调整,效果如图9-9所示。

图9-8 绘制三角形

图9-9 调整三角形大小和位置

04 使用"钢笔工具",在选项栏中设置"填充"为白色,"描边"为无,在画布中绘制形状图形,如图9-10所示。执行"图层→创建剪贴蒙版"命令,将该图层创建剪贴蒙版,效果如图9-11所示。

图9-10 绘制形状图形

图9-11 创建剪贴蒙版效果

05 使用相同的制作方法,可以绘制出相似的图形,如图9-12所示。同时选中"多边形1"至"形状3"图层,按快捷键Ctrl+G,将选中的图层编组,将该图层组重命名为"山峰",如图9-13所示。

图9-12 绘制相似的图形

图9-13 图层编组

06 为"山峰"图层组添加图层蒙版,使用"椭圆选框工具",在画布中按住Shift键绘制正圆形选区,执行"选择→反向"命令,反向选择选区,如图9-14所示。在蒙版中为选区填充黑色,按快捷键Ctrl+D,取消选区,效果如图9-15所示。

219

图9-14 绘制选区并反向选择选区

图9-15 图像效果

> **提示** 为图层组添加图层蒙版进行处理,可以将图层组中的所有图层统一应用同一个图层蒙版,这样可以有效地减少操作步骤,提高工作效率。

07 使用"横排文字工具",在画布中单击输入文字,如图9-16所示。打开并拖入素材图像"源文件\第9章\素材\91202.png",调整到合适的位置,如图9-17所示。

图9-16 输入文字

图9-17 拖入人物剪影素材

08 使用相同的制作方法,输入其他文字并绘制相应的图形,效果如图9-18所示。使用"椭圆工具",在选项栏中设置"工具模式"为"路径",按住Shift键在画布中绘制正圆形路径,如图9-19所示。

图9-18 输入文字

图9-19 绘制正圆形路径

> **提示** 完成正圆形路径的绘制后,可以执行"编辑→变换路径"命令,调整路径的大小,还可以使用"路径选择工具"选中所绘制的路径,调整其位置。

09 使用"横排文字工具",光标移至正圆形路径合适的位置单击输入路径文字,如图9-20所示。使用相同的制作方法,绘制路径,并使用"横排文字工具"在路径上单击输入路径文字,如图9-21所示。

图 9-20　输入路径文字

图 9-21　输入下半部分的路径文字

⑩ 使用"钢笔工具",在选项栏中设置"工具模式"为"路径",在画布中绘制路径,如图 9-22 所示。新建图层,使用"画笔工具",在选项栏中的"画笔预设"选取器中载入方头画笔,选择合适的笔触,如图 9-23 所示。

⑪ 设置"前景色"为 RGB(20,20,20),打开"路径"面板,单击"用画笔描边路径"按钮,效果如图 9-24 所示。复制该图层,将复制得到的图形水平翻转并调整至合适的位置,完成该户外运动店标的设计制作,最终效果如图 9-25 所示。

图 9-22　绘制路径

图 9-23　选择合适的笔触

图 9-24　画笔描边路径

图 9-25　最终效果

9.1.3　店招的设计表现类型

店招顾名思义就是指店铺的招牌,店招是店铺十分重要的宣传工具,也是店铺的一个广告牌,店招的设计需要具有很强的识别性。

从店招的功能表现来说,可以将店招分为品牌宣传店招、活动促销店招和产品推广店招。

1. 品牌宣传店招

这类店招首先需要考虑的内容是店铺名称、店标和广告语,因为这是品牌宣传最基本的内容;其次是关注按钮、关注人数、收藏按钮和店铺资质,可以从侧面反映出店铺的实力;再次是搜索框、第二导航条等方便用户体验的内容。图 9-26 所示为一个品牌宣传店招设计。

图 9-26　品牌宣传店招设计

2. 活动促销店招

这类店铺的特点是店铺活动、流量集中增加,有别于店铺正常运营。所以店招首先要考虑的因素是活动信息、优惠和促销产品等活动或促销信息；其次是搜索框、第二导航条等方便用户体验的内容；再次才是店铺名、店标和广告语等品牌宣传为主的内容。图 9-27 所示为活动促销店招设计。

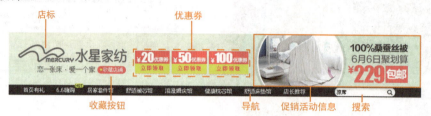

图 9-27　活动促销店招设计

3．产品推广店招

店铺特点是有主推产品或者想要推广一款或几款产品。在店招设计上，这类店铺首先要主打推广产品、推广信息、优惠券和活动信息等内容；其次是店铺名称、店标和广告语等品牌宣传为主的内容；再次是搜索框、第二导航条等方便用户体验内容。图 9-28 所示为产品推广店招设计。

图 9-28　产品推广店招设计

●●● 9.1.4　设计食品网店店招

店招和导航通常是一个整体，本实例所设计的食品网店的店招和导航采用简洁的构图方式，在店招中着重体现优惠信息和促销商品，在导航的右侧安排搜索框，便于用户快速找到店铺中的商品，整个店招的设计效果给人整洁、清晰、自然的感受。

实战：设计食品网店店招

源文件：源文件 \ 第 9 章 \9-1-4.psd　　　视频：视频 \ 第 9 章 \9-1-4.mp4

01 执行"文件→打开"命令，打开素材图像"源文件 \ 第 9 章 \ 素材 \91401.jpg"，如图 9-29 所示。打开并拖入素材图像"源文件 \ 第 9 章 \ 素材 \91402.jpg"，设置该图层的"混合模式"为"滤色"，效果如图 9-30 所示。

图 9-29　打开天空素材图像

图 9-30　拖入素材并设置混合模式

02 打开并拖入素材图像"源文件 \ 第 9 章 \ 素材 \91403.png",如图 9-31 所示。打开并拖入素材图像"源文件 \ 第 9 章 \ 素材 \91404.png",效果如图 9-32 所示。

图 9-31　拖入商品图像

图 9-32　拖入热气球素材图像

03 复制"图层 3",将复制得到的图像调整到合适的大小和位置,效果如图 9-33 所示。执行"滤镜→模糊→高斯模糊"命令,弹出"高斯模糊"对话框,设置如图 9-34 所示。

图 9-33　复制图像

图 9-34　"高斯模糊"对话框

04 单击"确定"按钮,完成"图层样式"对话框的设置,效果如图 9-35 所示。使用相同的制作方法,可以制作出相似的图像效果,如图 9-36 所示。

图 9-35　应用滤镜效果

图 9-36　将图像复制多次并分别调整

05 新建名称为 Logo 的图层组,使用"横排文字工具",在画布中输入文字,如图 9-37 所示。使用"圆角矩形工具",设置"填充"为 RGB(128,195,28),"半径"为 5 像素,在画布中绘制圆角矩形,如图 9-38 所示。

图 9-37　输入文字

图 9-38　绘制圆角矩形

06 使用"矩形工具",设置"路径操作"为"减去顶层形状",在刚绘制的圆角矩形上减去相应的矩形,如图9-39所示。使用"椭圆工具",设置"路径操作"为"减去顶层形状",在该图形中减去两个椭圆形,效果如图9-40所示。

07 使用相同的制作方法,在画布中输入相应的文字,如图9-41所示。新建名称为"导航"的图层组,使用"圆角矩形工具",设置"半径"为8像素,在画布中绘制白色的圆角矩形,如图9-42所示。

图9-39　在图形中减去矩形　　图9-40　在图形中减去两个椭圆形　　图9-41　输入其他文字　　图9-42　绘制圆角矩形

08 为该图层添加"渐变叠加"图层样式,对相关选项进行设置,如图9-43所示。单击"确定"按钮,完成"图层样式"对话框的设置,效果如图9-44所示。

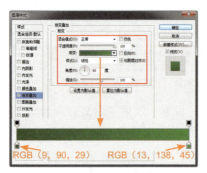

图9-43　设置"渐变叠加"图层样式　　图9-44　应用"渐变叠加"图层样式效果

09 使用相同的制作方法,完成相似图形的绘制,效果如图9-45所示。新建名称为"分割线"的图层组,使用"直线工具",设置"填充"为RGB(10,98,32),"粗细"为1像素,在画布中绘制一条直线,如图9-46所示。

图9-45　绘制图形　　图9-46　绘制直线

10 复制刚绘制的直线,将复制得到的直线向右移动1像素,修改该直线的颜色为RGB(49,145,73),效果如图9-47所示。使用复制的方法,可以完成其他导航菜单项分隔线的制作,效果如图9-48所示。

> **提示** 使用一明一暗的两条直线来构成分割线的效果，可以产生很强烈的凹陷立体感，这是网页中常用的一种表现方法。

图 9-47 复制直线并修改颜色

图 9-48 复制分隔线图形

11 使用相同的制作方法，可以完成各导航菜单项和搜索框的制作，效果如图 9-49 所示。

12 使用"自定形状工具"，在"形状"下拉面板中选择合适的形状，在画布相应位置绘制形状图形 1，如图 9-50 所示。新建名称为"包邮"的图层组，使用"钢笔工具"，在选项栏上设置"工具模式"为"形状"，在画布中绘制形状图形 2，效果如图 9-51 所示。

图 9-49 图像效果

图 9-50 绘制形状图形 1

图 9-51 绘制形状图形 2

13 为该图层添加"渐变叠加"图层样式，对相关选项进行设置，如图 9-52 所示。继续添加"投影"图层样式，对相关选项进行设置，如图 9-53 所示。

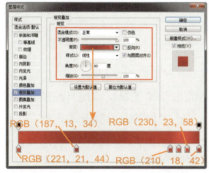
图 9-52 设置"渐变叠加"图层样式

图 9-53 设置"投影"图层样式

14 单击"确定"按钮，完成"图层样式"对话框的设置，效果如图 9-54 所示。使用相同的制作方法，完成文字的输入和相似图形的绘制，效果如图 9-55 所示。

图 9-54 应用图层样式效果

图 9-55 输入文字

15 新建名称为"优惠券"的图层组，使用"矩形工具"，设置"填充"为 RGB（0，167，228），在画布中绘制矩形，如图 9-56 所示。使用相同的制作方法，可以完成该部分内容的制作，效果如图 9-57 所示。

图 9-56　绘制矩形

图 9-57　完成优惠券的制作

16 使用相同的制作方法，可以完成网店店招的设计制作，最终效果如图 9-58 所示。

9.2　直通车与钻展图像设计

直通车和钻展都是为淘宝卖家量身定做的精准推广工具，卖家可以通过类目推广、活动推广和计划推广实现产品的精准展现，从而为网店引入精准的流量。本节介绍有关直通车和钻展图像设计的相关知识。

图 9-58　最终效果

● ● ● 9.2.1　什么是直通车

直通车是为淘宝卖家量身定制的，按点击付费的效果营销工具，实现产品的精准推广。淘宝直通车具有广告位极佳、广告针对性强和按效果付费三大优势。淘宝直通车推广，使浏览者通过点击直通车图像，进入卖家的店铺，从而产生一次甚至多次的店铺内跳转流量，这种以点带面的关联效应可以降低推广的成本和提高整店的关联营销效果。

在淘宝网站的搜索框中输入产品关键字，点击搜索按钮后进入搜索结果页面，产品直通车图像显示在搜索列表右侧与底部，如图 9-59 所示。店铺直通车图像显示在搜索列表的右侧，位于产品直通车的下方。

图 9-59　淘宝网页中的产品直通车图像

9.2.2 直通车图像的设计构图方式

由于直通车图像是点击付费，所以产品一定要放置在直通车图像最显眼的位置，以免误导点击而产生不必要的扣费。因为直通车图像的展示效果较小，所以直通车图像的构图方式比较简洁，大部分情况下都需要根据产品图的特征来进行构图，下面介绍几种常见的直通车构图方式。

1. 左右构图

左右构图方式比较适合产品图像比较细长的直通车图像设计，将产品图像放置在右侧，介绍文字放置在左侧，或者相反。

采用左右构图是一种常见的直通车构图方式，表现大方、严谨，但是设计的过程中注意选择合适的图形素材，并且文案的设计需要层次分明、表达清晰。图9-60所示为采用左右构图设计的直通车图像。

图 9-60　左右构图的直通车图像设计

2. 上下构图

上下构图的方式比较适合产品较宽，放置到画面中后上下有较多的剩余空间。如果产品偏向大气、稳重、有质量的感觉，可以将文字排列在产品的上方；如果产品偏向小物品、轻盈的感觉，可以将文字排列在产品的下方。图9-61所示为采用上下构图设计的直通车图像。

图 9-61　上下构图的直通车图像设计

3. 对角线构图

如果产品特别细长，例如笔、钓鱼竿等，这种类型的产品采用对角线构图的方式进行设计可以将产品展示得更大、更直观。另外，如果需要表现出产品的动感效果时，通常会在设计中对产品进行倾斜处理，这时候也可以使用对角线构图的方式对产品进行设计处理。图9-62所示为采用对角线构图设计的直通车图像。

图 9-62　对角线构图的直通车图像设计

4. 居中构图

将产品放置在画面居中的位置，将相关的文案和图形分散摆放在各个角落，合理控制文字或图形的大小来使整个画面平衡。这里并不是要求必须使用文字或图形去充满画面的 4 个角，而是需要根据产品图像的形状及摆放，合理的控制好整个画面的构图，使整个设计画面均衡。图 9-63 所示为采用居中构图设计的直通车图像。

图 9-63　居中构图的直通车图像设计

9.2.3　设计护肤品直通车图像

本案例设计一个男性护肤产品的直通车宣传图像，使用蓝色作为主色调与该商品包装上的色彩相呼应，并且蓝色能够表现男性的理性特点。在该图像设计中重点对主题文字进行变形处理，有效突出商品主题的表现，使消费者一目了然。

实战：设计护肤品直通车图像

源文件：源文件\第 9 章\9-2-3.psd　　　视频：视频\第 9 章\9-2-3.mp4

01 执行"文件→新建"命令，弹出"新建"对话框，设置如图 9-64 所示，单击"确定"按钮，新建空白文件。打开并拖入素材图像"源文件\第 9 章\素材\92301.jpg"，效果如图 9-65 所示。

图 9-64　"新建"对话框　　　　　　　　　图 9-65　拖入背景素材图像

02 打开并拖入素材图像"源文件\第 9 章\素材\92302.jpg"，设置该图层的"混合模式"为"叠加"，效果如图 9-66 所示。将抠取出来的商品图像"源文件\第 9 章\素材\92303.png"拖入文件中，并调整到合适的大小和位置，如图 9-67 所示。

图 9-66　拖入素材图像并设置混合模式　　　　图 9-67　拖入男士护肤品图像

03 为"图层3"添加"投影"图层样式,在弹出的对话框中对相关选项进行设置,如图9-68所示。单击"确定"按钮,应用"投影"图层样式,效果如图9-69所示。

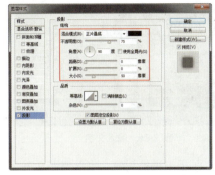
图 9-68　设置"投影"图层样式

图 9-69　应用"投影"样式效果

04 添加"色阶"调整图层,在打开的"属性"面板中对相关选项进行设置,如图9-70所示。完成"色阶"调整图层的设置,将该图层创建剪贴蒙版,效果如图9-71所示。

图 9-70　设置"色阶"选项

图 9-71　调整后的商品图像效果

> **提示** ▶ 通过"色阶"调整图层来加强产品图像的对比度,使产品图像效果更加突出,也可以通过"亮度/对比度"调整图层来加强产品图像的对比度,但"色阶"调整图层的功能更加强大。

05 使用"钢笔工具",在选项栏中设置"工具模式"为"形状","填充"为 RGB(16,39,152),"描边"为无,在画布中绘制形状图形,如图9-72所示。为该图层添加"投影"图层样式,在弹出的对话框中对相关选项进行设置,如图9-73所示。

图 9-72　绘制形状图形

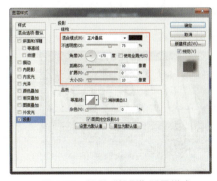
图 9-73　设置"投影"图层样式

06 单击"确定"按钮，应用"投影"图层样式，效果如图9-74所示。使用"横排文字工具"，在"字符"面板中进行设置，在画布中单击输入文字，如图9-75所示。

图9-74　应用"投影"样式效果

图9-75　输入文字

07 使用"横排文字工具"，选中"极"字，在"字符"面板中进行设置，效果如图9-76所示。选中"油"字，在"字符"面板中进行设置，效果如图9-77所示。

图9-76　设置文字大小

图9-77　设置文字大小和基线偏移

08 执行"文字→转换为形状"命令，将文字图层转换为形状图层，如图9-78所示。使用"直接选择工具"选择文字路径上相应的锚点，拖曳锚点进行调整，如图9-79所示。

图9-78　将文字转换为形状

图9-79　拖曳锚点调整文字形状

09 使用相同的制作方法，可以对文字路径上的其他锚点进行调整，从而改变文字的效果，如图9-80所示。使用相同的制作方法，在画布中输入文字并将文字图层转换为形状图层，如图9-81所示。

图9-80　调整文字形状

图9-81　输入文字并转换为形状

⑩ 使用"直接选择工具"对文字路径上相应的锚点进行拖曳调整，效果如图 9-82 所示。将两个由文字转换得到的形状图层合并，为该图层添加"渐变叠加"图层样式，在弹出的对话框中对相关选项进行设置，如图 9-83 所示。

图 9-82　调整文字形状

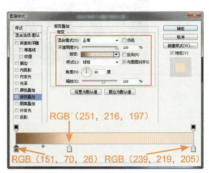

图 9-83　设置"渐变叠加"图层样式

⑪ 继续添加"投影"图层样式，对相关选项进行设置，如图 9-84 所示。单击"确定"按钮，应用"渐变叠加"和"投影"图层样式，效果如图 9-85 所示。

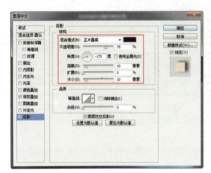

图 9-84　设置"投影"图层样式

图 9-85　应用图层样式效果

⑫ 使用"矩形工具"，在选项栏中设置"填充"为无，"描边"为白色，"描边宽度"为 1 点，在画布中绘制一个矩形，如图 9-86 所示。为该图层添加图层蒙版，在蒙版中绘制矩形选区并填充黑色，将不需要的部分隐藏，效果如图 9-87 所示。

图 9-86　绘制矩形框

图 9-87　添加图层蒙版进行处理

⑬ 使用"横排文字工具"，在画布中单击输入文字，并为文字添加"投影"图层样式，效果如图 9-88 所示。使用相同的制作方法，可以完成该男士护肤品直通车图像的设计制作，最终效果如图 9-89 所示。

图 9-88 输入文字

图 9-89 最终效果

9.2.4 什么是钻展

钻展即淘宝网站中的钻石展位，是专门为有更高信息发布需求的卖家量身定制的产品，比较适合中等以上的卖家，因为如果想获得不错的推广效果，就要花费大量的资金。

钻石展位是按照流量竞价售卖广告位的，计费单位是"每千次浏览单价"，即广告所在的页面被打开 1000 次所需要收取的费用。钻石展位不仅适合发布宝贝信息，它更适合发布店铺促销、店铺活动、店铺品牌推广。可以在为店铺带来强大流量的同时增加买家对店铺的好感，增强买家的黏度。图 9-90 所示淘宝首页的大图广告就是钻石展位。

图 9-90 淘宝首页的大图广告

9.2.5 如何设计钻展图像

在设计钻展图像时通常都需要好几版设计，有的是更换背景色，有的是用不同的画面去表现，然后综合比较哪种组合更具有创意，更能够打动和吸引消费者。

1. 突出产品卖点

要想使消费者产生购买产品的冲动，在钻展图像的设计过程中一定要突出表现产品的卖点，清晰美观的产品图是基础，在此基础上创造出新颖的排列组合。图 9-91 所示为设计精美的钻展图像。

图 9-91 精美的钻展图像设计

2. 优秀的文案

优秀的创意应该是文案跟设计融为一体的，抠出任何一部分看起来都比较平淡，但是融合在一起就会很有创意。最好是在写文案的时候，脑海中就已经有了设计的模型。

钻展图像的文案创意需要注意以下几点。

（1）关键信息内容要摆放到重要的视觉位置，例如关于产品信息，折扣促销信息。

（2）字体不宜过多，尽量保持 1～2 种，在不影响文字辨识度的情况下，小字号更容易使画面显得精致、有品位。

（3）对于表现情感的钻展图像，可以使用衬线字体，使得广告画面显得更精致、有爱。

（4）在确定钻展图像文案内容之前，应该要注重受众、目标和收益元素的考虑。只有了解消费者的想法，抓住消费者的心理，了解消费者的兴趣点，才能给消费者灌输产品的理念。图 9-92 所示为设计精美的钻展图像。

图 9-92　精美的钻展图像设计

3．合适的主题风格

钻展图像的主题风格尽量与店铺的风格相统一，这样容易使消费者对店铺的品牌和形象形成统一的认知。图 9-93 所示为设计精美的钻展图像。

图 9-93　精美的钻展图像设计

4．合理的版式布局

钻展图像的构图布局形式与直通车图像的构图形式相类似，可以采用左右、上下、倾斜等多种布局方式，只需要布局方式适合表现产品卖点即可。图 9-94 所示为设计精美的钻展图像。

图 9-94　精美的钻展图像设计

9.2.6　设计活动促销钻展图像

本案例设计的"双 12"促销钻展图像是一系列促销活动中的一个，针对女性消费群体。在设计过程中运用圆形将相关的产品、主题和促销信息集中在一起，非常直观。通过不同颜色和层次的圆形相互叠加，使得画面和信息内容层次感非常强烈。

视频

实战：设计活动促销钻展图像

源文件：源文件\第9章\9-2-6.psd　　视频：视频\第9章\9-2-6.mp4

01 执行"文件→新建"命令，弹出"新建"对话框，设置如图9-95所示，单击"确定"按钮，新建空白文件。新建"背景"图层组，新建"图层1"，设置"前景色"为RGB（248，76，158），按快捷键Alt+Delete，为画布填充前景色，如图9-96所示。

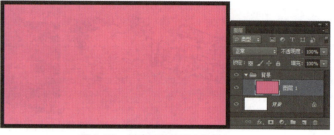

图9-95　"新建"对话框　　　　　　　　　　图9-96　新建图层并填充前景色

02 使用"钢笔工具"，在选项栏中设置"工具模式"为"形状"，"填充"为RGB（239，35，135），"描边"为无，在画布中绘制形状图形，如图9-97所示。复制"形状1"图层，得到"形状1副本"图层，按快捷键Ctrl+T，显示自由变换框，设置变换中心点位置，如图9-98所示。

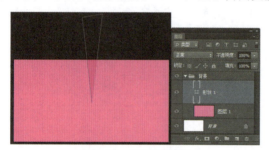

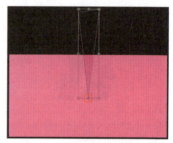

图9-97　绘制形状图形　　　　　　　　　　图9-98　调整变换中心点位置

提示 默认情况下，图像的旋转中心点位于变换框的中心位置，如果需要对图像进行旋转复制操作，中心点的位置非常重要，因为中心点位置决定了旋转复制的结果。

03 在选项栏上设置"旋转"为30°，将复制得到的图形进行旋转，如图9-99所示。按Enter键确认变换操作，按住Ctrl+Shift+Alt键不放，多次按T键，多次复制并旋转图形，效果如图9-100所示。

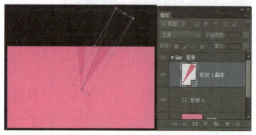

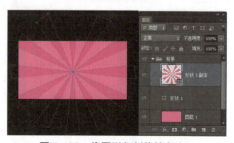

图9-99　旋转图形　　　　　　　　　　图9-100　将图形复制旋转多次

04 在"背景"图层组上方新建"主体内容"图层组,使用"矩形工具",在选项栏中设置"填充"为 RGB(254,214,39),"描边"为无,在画布中绘制矩形,如图 9-101 所示。使用"添加锚点工具",在刚绘制的矩形两侧分别添加锚点,如图 9-102 所示。

图 9-101 绘制矩形

图 9-102 添加锚点

05 使用"直接选择工具",选中刚添加的锚点,对其进行调整,如图 9-103 所示。为该图层添加"描边"图层样式,在弹出对话框中对相关选项进行设置,如图 9-104 所示。

图 9-103 添加锚点

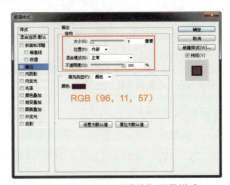

图 9-104 设置"描边"图层样式

06 继续添加"内阴影"图层样式,对相关选项进行设置,如图 9-105 所示。继续添加"投影"图层样式,对相关选项进行设置,如图 9-106 所示。

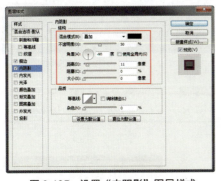

图 9-105 设置"内阴影"图层样式

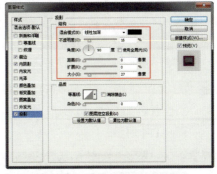

图 9-106 设置"投影"图层样式

07 单击"确定"按钮,完成"图层样式"对话框的设置,效果如图 9-107 所示。使用"椭圆工具",在选项栏中设置"填充"为 RGB(248,76,158),"描边"为无,按住 Shift 键在画布中绘制正圆形,如图 9-108 所示。

图 9-107 应用图层样式效果 1

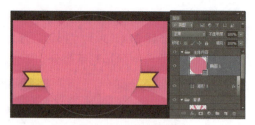
图 9-108 绘制正圆形

08 使用相同的制作方法，为"椭圆1"图层添加"描边"和"投影"图层样式，效果如图 9-109 所示。使用"矩形工具"，在选项栏中设置"填充"为 RGB（96，11，57），"描边"为无，在画布中绘制矩形，如图 9-110 所示。

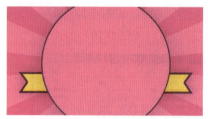
图 9-109 应用图层样式效果 2

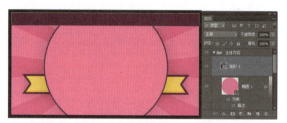
图 9-110 绘制矩形

09 使用相同的制作方法，在画布中绘制正圆形并为其添加"描边"图层样式，效果如图 9-111 所示。新建名称为"星星"的图层组，使用"自定形状工具"，在选项栏中设置"填充"为 RGB（255，215，40），在"形状"面板中选择合适的形状，在画布中绘制形状图形，如图 9-112 所示。

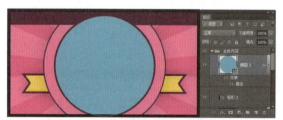
图 9-111 绘制正圆形并应用"描边"样式

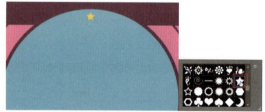
图 9-112 绘制形状图形

10 复制"形状2"图层，得到"形状2 副本"图层，按快捷键 Ctrl+T，显示自由变换框，设置变换中心点位置，如图 9-113 所示。在选项栏上设置"旋转"为 20°，将复制得到的图形进行旋转，如图 9-114 所示。

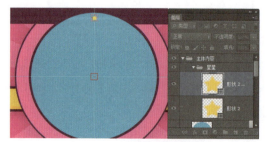
图 9-113 设置变换中心点位置

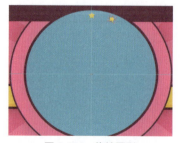
图 9-114 旋转图形

11 按 Enter 键确认变换操作，按住 Ctrl+Shift+Alt 键不放，多次按 T 键，多次复制旋转图形，如图 9-115 所示。使用相同的制作方法，可以绘制出其他星星图形，如图 9-116 所示。

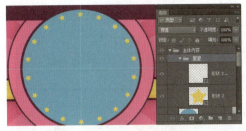

图 9-115　多次复制旋转图形

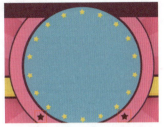

图 9-116　绘制形状图形

12 打开并拖入素材图像"源文件\第 9 章\素材\92601.png"，调整到合适的大小和位置，如图 9-117 所示。使用"椭圆工具"，在选项栏中设置"工具模式"为"路径"，按住 Shift 键，在画布中绘制正圆形路径，如图 9-118 所示。

图 9-117　拖入素材图像

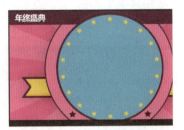

图 9-118　绘制正圆形路径

13 使用"横排文字工具"，在刚绘制的路径上单击并输入路径文字，效果如图 9-119 所示。使用相同的制作方法，可以完成相似路径文字的制作，效果如图 9-120 所示。

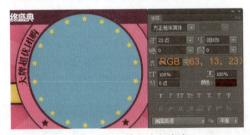

图 9-119　输入中径文字

图 9-120　输入其他路径文字

14 使用相同的制作方法，可以完成相似图形的绘制，效果如图 9-121 所示。打开并拖入产品素材"源文件\第 9 章\素材\92602.png"，调整到合适的位置，如图 9-122 所示。

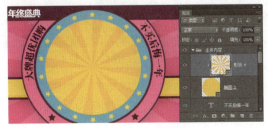

图 9-121　绘制图形

图 9-122　拖入护肤品素材图像

15 为该图层添加"外发光"图层样式,在弹出对话框中对相关选项进行设置,如图 9-123 所示。单击"确定"按钮,完成"外发光"图层样式的设置,效果如图 9-124 所示。

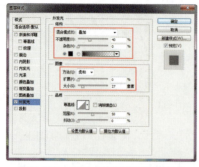

图 9-123　设置"外发光"图层样式　　　图 9-124　应用"外发光"图层样式效果

16 使用相同的制作方法,拖入其他产品素材图像并分别进行处理,效果如图 9-125 所示。使用"圆角矩形工具",在选项栏中设置"填充"为 RGB(255,215,40),"描边"为无,"半径"为 30 像素,在画布中绘制圆角矩形,如图 9-126 所示。

图 9-125　拖入其他素材图像　　　图 9-126　绘制圆角矩形 1

17 使用"圆角矩形工具",在选项栏中设置"路径操作"为"合并形状",在刚绘制的圆角矩形上添加一个圆角矩形,如图 9-127 所示。为该图层添加"描边""内阴影"和"投影"图层样式,效果如图 9-128 所示。

图 9-127　绘制圆角矩形 2　　　图 9-128　应用图层样式效果

18 使用相同的制作方法,在画布中绘制相应的图形并输入相应文字,如图 9-129 所示。使用"椭圆工具",在选项栏中设置"填充"为白色,"描边"为无,按住 Shift 键在画布中绘制正圆形,如图 9-130 所示。

图 9-129 绘制图形并输入文字

图 9-130 绘制正圆形

19 使用"多边形工具",在选项栏中设置"路径操作"为"合并形状","边"为 3,在刚绘制的正圆形上添加一个三角形,如图 9-131 所示。为该图层添加"描边"图层样式,并在画布中输入相应的文字,如图 9-132 所示。

图 9-131 绘制三角形

图 9-132 输入文字

20 完成该活动促销钻展图像的设计制作,最终效果如图 9-133 所示。

9.3 宣传海报设计

海报可以说是艺术,它并不是单纯为了提高人们的欣赏水平,而是为

图 9-133 最终效果

了达到某种目的而进行的宣传,所以海报也是一种宣传工具。现如今,网店的竞争越来越激烈,如何才能获得消费者的关注是所有商家所关心的问题,电商海报则正是起到了吸引消费者目光的作用。

9.3.1 电商海报类型

以电商海报的设计风格可以将电商海报分为 3 大类型,分别是产品宣传海报、促销宣传海报和活动宣传海报。

1. 产品宣传海报

产品宣传海报的宣传对象是某种产品或某种服务,其宣传的目的是为了在短期内迅速提高销售量,创造经济效益,这也是电商网站中常见的海报表现形式。

产品宣传海报在设计上要求客观准确,通常采取写实的表现手法,并突出产品的显著特征,以激发消费者购买的欲望。图 9-134 所示为产品宣传电商海报。

图 9-134 产品宣传海报设计

2. 促销宣传海报

促销宣传海报与产品宣传海报很类似,主要区别在于促销宣传海报突出产品的促销信息,通常会使用大字体或特殊颜色来表现促销的折扣等关键性内容,从而吸引消费者。图 9-135 所示为促销宣传海报。

图 9-135 促销宣传海报设计

3. 活动宣传海报

活动宣传海报的宣传对象为有具体时间和内容的商品促销或推广等商业活动,其宣传的目的是为了扩大活动的影响力,吸引更多的参与者,要求信息的传达准确完整。图 9-136 所示为活动宣传电商海报。

图 9-136 活动宣传海报设计

9.3.2 设计化妆品宣传海报

使用水墨风格的笔刷在背景中绘制出水墨风格的背景效果,搭配荷花等素材图像,将画面营造出夏日荷塘的感觉,将产品图像进行复制旋转操作,通过多个产品图像的叠加来强化产品形象的表现。使用竖排文字的方式,给人传统感,与整个画面的表现风格相统一。

视频

> 实战:设计化妆品宣传海报
> 源文件:源文件\第 9 章\9-3-2.psd 视频:视频\第 9 章\9-3-2.mp4

01 执行"文件→新建"命令,弹出"新建"对话框,新建一个空白文件,如图 9-137 所示。设置"前景色"为 RGB(234,247,254),为画布填充前景色,效果如图 9-138 所示。

图 9-137 "新建"对话框   图 9-138 为画布填充前景色

02 新建名称为"背景"的图层组，使用"画笔工具"，在选项栏上打开"画笔预设选取器"面板，单击"设置"按钮，如图 9-139 所示。在弹出菜单中选择"载入画笔"选项，在弹出的对话框中选择需要载入的外部画笔，如图 9-140 所示。

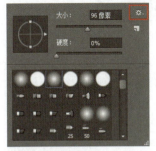

图 9-139　"画笔预设选取器"面板

图 9-140　载入外部画笔

03 新建"图层1"，设置"前景色"为 RGB（170，201，198），在"画笔预设选取器"中选择刚载入的外部画笔，如图 9-141 所示。设置画笔不透明度，在画布中涂抹绘制，效果如图 9-142 所示。

图 9-141　选择画笔

图 9-142　涂抹绘制图形

04 新建"图层2"，使用"画笔工具"，设置"前景色"为 RGB（140，171，183），使用相同的制作方法，在画布中进行绘制，如图 9-143 所示。

05 打开并拖入素材图像"源文件\第9章\素材\93201.png"，效果如图 9-144 所示。为该图层添加图层蒙版，使用"画笔工具"，设置"前景色"为黑色，选择合适的画笔笔触，在蒙版中进行涂抹，效果如图 9-145 所示。

图 9-143　涂抹绘制图形

图 9-144　拖入素材图像

图 9-145　添加图层蒙版处理

06 使用相同的制作方法，拖入其他素材图像并调整到合适的大小和位置，效果如图 9-146 所示。

图 9-146 拖入其他素材图像

07 新建名称为"产品"的图层组,打开并拖入产品图像"源文件\第 9 章\素材\93202.png",效果如图 9-147 所示。复制该图层,按快捷键 Ctrl+T,将复制得到的图像进行旋转,并将该图层移至"图层 5"下方,设置该图层的"不透明度"为 60%,如图 9-148 所示。

图 9-147 拖入产品图像

图 9-148 复制图像并旋转 1

08 使用相同的制作方法,完成相似图像效果的制作,如图 9-149 所示。复制"图层 5",将复制得到的图像垂直翻转,并向下移动至合适的位置,为该图层添加图层蒙版,在蒙版中填充黑白线性渐变,效果如图 9-150 所示。

图 9-149 复制图像并旋转 2

图 9-150 制作图像镜面投影效果

09 打开并拖入图像"源文件\第 9 章\素材\93204.png",为该图层添加"投影"图层样式,对相关选项进行设置,如图 9-151 所示。单击"确定"按钮,完成"图层样式"对话框设置,效果如图 9-152 所示。

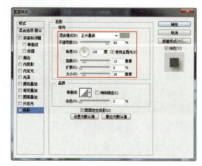

图 9-151 设置"投影"图层样式

图 9-152 应用"投影"图层样式效果

10 新建名称为"文字"的图层组，使用"横排文字工具"，在"字符"面板中对相关选项进行设置，在画布中输入文字，如图 9-153 所示。

图 9-153　输入文字

11 为"润"文字图层添加"外发光"图层样式，对相关选项进行设置，如图 9-154 所示。单击"确定"按钮，完成"图层样式"对话框设置。使用相同的制作方法，为其他相应的文字添加"外发光"图层样式，效果如图 9-155 所示。

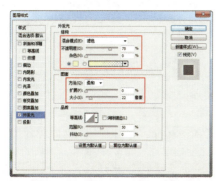 

图 9-154　设置"外发光"图层样式　　　图 9-155　应用"外发光"图层样式效果

12 使用"竖排文字工具"，在"字符"面板中对相关选项进行设置，在画布中输入文字，如图 9-156 所示。使用"直线工具"，在画布中绘制直线，如图 9-157 所示。

图 9-156　输入文字　　　图 9-157　绘制直线

13 为该图层添加图层蒙版，使用"画笔工具"，设置"前景色"为黑色，在蒙版中进行涂抹，效果如图 9-158 所示。将该图层复制多次，并分别调整到合适的位置，如图 9-159 所示。

14 使用相同的制作方法，拖入其他素材图像并进行处理，完成该化妆品宣传海报的设计制作，最终效果如图 9-160 所示。

图 9-158　添加图层蒙版进行处理　　　　图 9-159　复制直线并调整位置

图 9-160　化妆品宣传海报最终效果

9.3.3　设计新年促销活动宣传海报

在本案例所设计的新年促销活动海报中，使用三角形框将海报的主题内容组合在一起，并对整体的主题内容进行旋转倾斜处理，给人一种活跃、向上的感觉，搭配福袋造型的优惠券，与节日的氛围相统一，整个海报让人感觉喜庆、欢乐，内容清晰、直观。

视频

实战：设计新年促销活动宣传海报
源文件：源文件\第 9 章\9-3-3.psd　　　视频：视频\第 9 章\9-3-3.mp4

01 执行"文件→打开"命令，打开素材图像"源文件\第 9 章\素材\93301.jpg"，效果如图 9-161 所示。新建名称为"主题文字"的图层组，使用"多边形工具"，在选项栏上设置"工具模式"为"形状"，"填充"为无，"描边"为 RGB（255，254，164），"描边宽度"为 50 点，"边"为 3，在画布中绘制三角形，效果如图 9-162 所示。

图 9-161　打开背景素材图像　　　　　　图 9-162　绘制三角形

02 打开并拖入素材图像"源文件\第 9 章\素材\93302.png"，调整到合适的位置，如图 9-163 所示。为该图层添加"颜色叠加"图层样式，对相关选项进行设置，如图 9-164 所示。

03 单击"确定"按钮，完成"图层样式"对话框设置，效果如图 9-165 所示。使用"横排文字工具"，在画布中单击并输入文字，如图 9-166 所示。

图9-163 打开并拖入素材图像

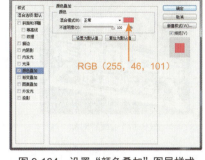
图9-164 设置"颜色叠加"图层样式

图9-165 应用"颜色叠加"图层样式效果

图9-166 输入文字1

04 使用相同的制作方法,完成其他文字效果的制作,如图9-167所示。使用"自定形状工具",在选项栏中的"形状"下拉面板中选择合适的形状,在画布中绘制白色的形状图形,如图9-168所示。

05 使用相同的制作方法,完成相似图形和文字的制作,如图9-169所示。选中"多边形1"图层,为该图层添加图层蒙版,使用"画

图9-167 输入文字2

图9-168 绘制形状图形

笔工具",设置"前景色"为黑色,选择合适的笔触,在蒙版中相应的位置进行涂抹,效果如图9-170所示。

图9-169 输入文字3

图9-170 添加图层蒙版处理

06 选中"主题文字"图层组,按快捷键Ctrl+T,显示自由变换框,对该图层组中的所有对象进行旋转操作,效果如图9-171所示。新建名称为"优惠券"的图层组,使用相同的制作方法,在画布中输入相应的文字,如图9-172所示。

245

图 9-171　旋转对象

图 9-172　输入文字 4

07 打开并拖入素材图像"源文件\第 9 章\素材\93303.png",调整到合适的位置,如图 9-173 所示。使用"矩形工具",设置"填充"为 RGB（0,65,70）,在画布中绘制矩形,如图 9-174 所示。

08 使用相同的制作方法,在画布中输入相应的文字内容,效果如图 9-175 所示。新建"图层 3",使用"椭圆选框工具",在画布中绘制椭圆选区,为选区填充颜色为 RGB（74,2,5）,如图 9-176 所示。

图 9-173　拖入素材图像

图 9-174　绘制矩形

图 9-175　输入文字 5

图 9-176　绘制选区并填充颜色

09 取消选区,执行"滤镜→模糊→高斯模糊"命令,弹出"高斯模糊"对话框,设置如图 9-177 所示。单击"确定"按钮,完成"高斯模糊"对话框设置,将"图层 3"移至"图层 2"下方,效果如图 9-178 所示。

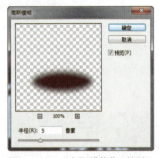
图 9-177　"高斯模糊"对话框

图 9-178　调整图层叠放顺序

10 使用相同的制作方法,完成相似图形效果的制作,如图 9-179 所示。

图 9-179　制作出相似图形效果

11 完成该新年促销活动宣传海报的设计制作，最终效果如图9-180所示。

9.4 网店页面设计

图9-180 最终效果

电商网站页面的布局结构设计和视觉风格构思在整个页面中占的比重较大，根据网店中主营商品的不同性质规划不同的页面布局结构，不但能够改变整个页面的视觉效果，而且还能够加深浏览者对该页面的第一印象，增强页面的宣传力度。

9.4.1 设计化妆品网店首页

在该化妆品店铺首页面的设计中，运用色块将页面中的内容清晰地划分为不同的部分，在页面中通过自由的版式来表现产品，使整个页面给人一种自由、时尚的感受，仿佛是在翻看产品画册。

> 实战：设计化妆品网站首页
> 源文件：源文件\第9章\9-4-1.psd　　视频：视频\第9章\9-4-1.mp4

视频

01 执行"文件→新建"命令，弹出"新建"对话框，设置如图9-181所示，单击"确定"按钮，新建空白文件。新建名称为"店招"的图层组，打开并拖入素材图像"源文件\第9章\素材\94101.jpg"，调整到合适的位置，效果如图9-182所示。

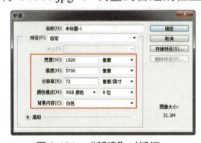

图9-181 "新建"对话框

图9-182 拖入背景素材图像

02 打开并拖入店铺店标"源文件\第9章\素材\94102.png"，调整到合适的位置，如图9-183所示。为该图层添加"投影"图层样式，对相关选项进行设置，如图9-184所示。

图9-183 拖入店标

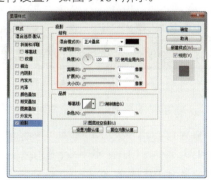

图9-184 设置"投影"图层样式

03 单击"确定"按钮,应用"投影"图层样式,效果如图 9-185 所示。使用"直线工具",在选项栏中设置"填充"为白色,"描边"为无,"粗细"为 2 像素,在画布中绘制直线,如图 9-186 所示。

图 9-185　应用"投影"图层样式效果

图 9-186　绘制直线

04 为该图层添加图层蒙版,使用"渐变工具",在图层蒙版中填充从黑色到白色再到黑色的线性渐变,效果如图 9-187 所示。使用相同的制作方法,可以输入其他文字并绘制矩形,效果如图 9-188 所示。

图 9-187　直线效果

图 9-188　输入其他文字内容

05 打开并拖入产品素材"源文件\第 9 章\素材\94103.png",调整到合适的位置,如图 9-189 所示。使用相同的制作方法,可以完成顶部菜单部分内容的制作,效果如图 9-190 所示。

图 9-189　拖入产品图像

图 9-190　完成顶部导航的制作

06 在"店招"图层组上方新建名称为"宣传广告"的图层组,打开并拖入素材图像"源文件\第 9 章\素材\94105.jpg",调整到合适的位置,如图 9-191 所示。将抠取的产品图像"源文件\第 9 章\素材\94106.png"拖入到文件中,调整到合适的位置,如图 9-192 所示。

图 9-191　拖入素材图像

图 9-192　拖入产品图像

07 复制"图层 6",得到"图层 6 副本"图层,将复制得到的图像垂直翻转并向下移至合适的位置,为该图层添加图层蒙版,使用"渐变工具",在蒙版中填充黑白线性渐变,效果如图 9-193 所示。使用"横排文字工具",在画布中输入文字,并为相应的文字添加图层样式,效果如图 9-194 所示。

图 9-193 制作镜面投影效果

图 9-194 在画布中输入文字

08 使用"圆角矩形工具",在选项栏中设置"填充"为任意颜色,"描边"为无,"半径"为 5 像素,在画布中绘制圆角矩形,如图 9-195 所示。为该图层添加"渐变叠加"图层样式,在弹出对话框中对相关选项进行设置,如图 9-196 所示。

图 9-195 绘制圆角矩形

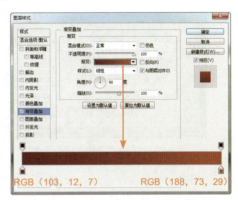
图 9-196 设置"渐变叠加"图层样式

09 继续添加"外发光"图层样式,对相关选项进行设置,如图 9-197 所示。单击"确定"按钮,应用"渐变叠加"和"外发光"图层样式,使用"横排文字工具",在该圆角矩形上输入文字,如图 9-198 所示。

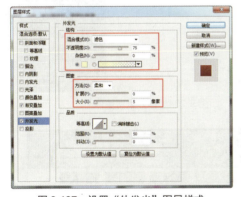
图 9-197 设置"外发光"图层样式

图 9-198 在圆角矩形上输入文字

10 使用相同的制作方法,拖入相应的素材,完成该页面中宣传广告的制作,效果如图 9-199 所示。在"宣传广告"图层组上方新建名称为"促销"的图层组,打开并拖入素材图像"源文件\第 9 章\素材\94101.jpg",调整到合适的位置,如图 9-200 所示。

图 9-199　完成宣传广告制作

图 9-200　拖入素材图像

11 使用"横排文字工具",在画布中输入相应的文字,如图 9-201 所示。使用"直线工具",在选项栏中设置"填充"为无,"描边"为白色,"描边宽度"为 1 点,"描边类型"为虚线,在画布中绘制一条虚线,如图 9-202 所示。

图 9-201　在画布中输入相应的文字

图 9-202　绘制虚线

12 使用相同的制作方法,可以完成该部分其他内容的制作,效果如图 9-203 所示。在"促销"图层组上方新建名称为"精油专区"的图层组,打开并拖入素材图像"源文件\第 9 章\素材\94113.jpg",调整到合适的位置,如图 9-204 所示。

13 在该图层组中新建名称为"标题"的图层组,使用相同的制作方法,可以完成按钮的制作,效果如图 9-205 所示。

图 9-203　完成其他内容的制作

图 9-204　拖入素材图像

> **提示** 其他 3 个按钮,通过在这 3 个按钮上方分别覆盖一层半透明的黑色块,用于与当前版块进行区别,从而明确表明当前版块是"精油专区"版块。

图 9-205　完成按钮的制作

14 在"标题"图层组上方新建名称为"说明"的图层组,打开并拖入素材图像"源文件\第 9 章\素材\94101.jpg",调整到合适的位置,如图 9-206 所示。使用相同的制作方法,可以完成该部分内容的制作,效果如图 9-207 所示。

图9-206 拖入素材图像

图9-207 完成该部分内容制作

15 在"说明"图层组上方新建名称为"精油产品"的图层组,在该图层组中新建图层,使用"矩形选框工具",在画布中绘制矩形选区,如图9-208所示。使用"渐变工具",打开"渐变编辑器"对话框,设置渐变颜色,如图9-209所示。

图9-208 绘制矩形选区

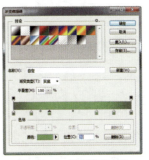
图9-209 设置渐变颜色

16 单击"确定"按钮,完成渐变颜色的设置,在选区中拖曳填充线性渐变,如图9-210所示。取消选区,打开并拖入产品图像并添加"投影"图层样式,效果如图9-211所示。

图9-210 填充线性渐变

图9-211 拖入产品图像

17 使用"多边形工具",在选项栏中设置"填充"为任意颜色,"描边"为无,"边"为30,按住Shift键,在画布中绘制一个多角星形,如图9-212所示。为该图层添加"渐变叠加"图层样式,对相关选项进行设置,如图9-213所示。

图9-212 绘制多角星形

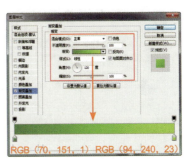
图9-213 设置"渐变叠加"图层样式

251

18 继续添加"内阴影"图层样式，对相关选项进行设置，如图 9-214 所示。继续添加"投影"图层样式，对相关选项进行设置，如图 9-215 所示。

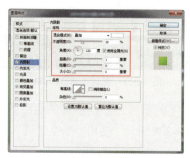

图 9-214　设置"内阴影"图层样式

图 9-215　设置"投影"图层样式

19 单击"确定"按钮，完成"图层样式"对话框的设置，效果如图 9-216 所示。使用"椭圆工具"，在选项栏中设置"填充"为 RGB（247，237，209），"描边"为无，按住 Shift 键在画布中绘制正圆形，如图 9-217 所示。

20 为该图层添加"描边"图层样式，对相关选项进行设置，如图 9-218 所示。继续添加"内发光"图层样式，对相关选项进行设置，如图 9-219 所示。

图 9-216　应用图层样式效果　　图 9-217　绘制正圆形

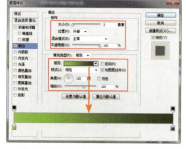

图 9-218　设置"描边"图层样式

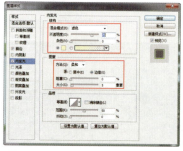

图 9-219　设置"内发光"图层样式

21 继续添加"渐变叠加"图层样式，对相关选项进行设置，如图 9-220 所示。单击"确定"按钮，完成"图层样式"对话框的设置，使用"横排文字工具"在画布中输入文字，如图 9-221 所示。

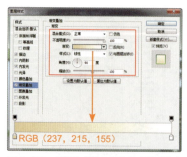

图 9-220　设置"渐变叠加"图层样式

图 9-221　应用图层样式并输入文字

22 使用"横排文字工具",在画布中输入其他相应的文字,如图9-222所示。使用相同的制作方法,可以完成其他文字和按钮的制作,效果如图9-223所示。

图9-222 输入文字

图9-223 完成其他内容制作

23 使用相同的制作方法,可以完成该部分其他产品的制作,效果如图9-224所示。在"精油专区"图层组上方新建名称为"镇店之宝"的图层组,使用相同的制作方法,可以完成该部分内容的制作,效果如图9-225所示。

图9-224 完成其他产品的制作

图9-225 完成"镇店之宝"栏目内容的制作

24 在"镇店之宝"图层组上方新建名称为"秋季美肤"的图层组,使用相同的制作方法,可以完成该部分内容的制作,效果如图9-226所示。完成该化妆品店铺首页的设计制作,最终效果如图9-227所示。

图9-226 完成"秋季美肤"栏目内容的制作

图9-227 页面最终效果

9.4.2 使用 Dreamweaver 制作化妆品网店页面

在 9.4.1 节中使用 Photoshop 完成了化妆品网店首页面的设计，从而得到了该化妆品网店页面的设计稿，在本节中使用 Dreamweaver 将网店页面设计稿制作成 HTML 页面，这样才真正完成了该网店页面的制作，方便将网店页面上传到电商平台供用户浏览。

> **实战：制作化妆品网店页面**
>
> 源文件：源文件\第 9 章\9-4-2.html   视频：视频\第 9 章\9-4-1.mp4

01 打开 Dreamweaver，执行"站点"→"新建站点"命令，弹出"站点设置对象"对话框，设置如图 9-228 所示。单击"保存"按钮，新建本地静态站点，在"文件"面板中显示当前站点中的文件及文件夹，如图 9-229 所示。

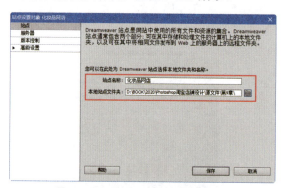
图 9-228　"站点设置对象"对话框

图 9-229　"文件"面板

02 执行"文件"→"新建"命令，弹出"新建文档"对话框，新建一个空白的 HTML 页面，如图 9-230 所示，将其保存到站点文件夹中，文件名称为 9-4-2.html。新建外部 CSS 样式表文件，如图 9-231 所示，将其保存到站点中的 style 文件夹中，文件名称为 9-4-2.css。

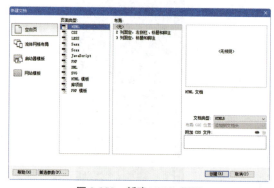
图 9-230　新建 HTML 页面

图 9-231　新建外部 CSS 样式表文件

> **提示** 提前在站点的根目录中分别创建名称为 images 和 style 的文件夹，便于对网站资源进行分类管理。images 文件夹用于存放从页面设计稿中切割得到的图片素材，style 文件夹用于存放该网页的外部 CSS 样式表文件。

03 单击"CSS 设计器"面板中的"源"选项区右上角的"添加 CSS 源"按钮，在弹出的菜单中选择"附加现有的 CSS 文件"选项，弹出"使用现有的 CSS 文件"对话框，选择刚创建的外部 CSS 样式表文件，如图 9-232 所示，单击"确定"按钮，链接外部 CSS 样式表文件。转换到所链接的外部 CSS 样式表文件中，创建通配符 * 和 body 标签的 CSS 样式，如图 9-233 所示。

图 9-232 "使用现有的 CSS 文件"对话框　　　　图 9-233 * 和 body 标签 CSS 样式代码

04 返回页面设计视图，可以看到页面的背景效果，如图 9-234 所示。在页面中插入名为 top 的 Div，转换到外部 CSS 样式表文件中，创建名为 #top 的 CSS 样式，如图 9-235 所示。

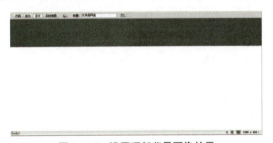

图 9-234 设置顶部背景图像效果　　　　图 9-235 #top 的 CSS 样式代码

05 返回页面设计视图，将名为 top 的 Div 中提示文字删除，在该 Div 中插入图像 94203.png，效果如图 9-236 所示。在名为 top 的 Div 之后插入名为 menu 的 Div，转换到外部 CSS 样式表文件中，创建名为 #menu 的 CSS 样式，如图 9-237 所示。

图 9-236 插入图像效果　　　　图 9-237 #menu 的 CSS 样式代码

06 返回页面设计视图，光标移至名为 menu 的 Div 中，将多余文字删除，输入项目列表内容，如图 9-238 所示。转换到外部 CSS 样式表文件中，创建名为 #menu li 的 CSS 样式，如图 9-239 所示。

图 9-238 输入菜单文字并创建项目列表　　　　图 9-239 #menu li 的 CSS 样式代码

07 返回页面设计视图，可以看到导航菜单的效果，如图 9-240 所示。转换到外部 CSS 样式表文件中，创建名为 .menu01 的 CSS 样式，如图 9-241 所示。

图 9-240　导航菜单效果　　　　　　　　　图 9-241　.menu01 的 CSS 样式代码

08 返回页面设计视图，选择第 1 个导航菜单选项的 <li> 标签，为其应用名为 menu01 的类 CSS 样式，效果如图 9-242 所示。在名为 menu 的 Div 之后插入名为 banner 的 Div，转换到外部 CSS 样式表文件中，创建名为 #banner 和 #banner img 的 CSS 样式，如图 9-243 所示。

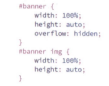

图 9-242　为第 1 个菜单选项应用类 CSS 样式效果　　　图 9-243　#banner 的 CSS 样式代码

09 返回页面设计视图，将名为 banner 的 Div 中提示文字删除，在该 Div 中插入图像 94205.jpg，效果如图 9-244 所示。在名为 banner 的 Div 之后插入名为 cx 的 Div，转换到外部 CSS 样式表文件中，创建名为 #cx 的 CSS 样式，如图 9-245 所示。

图 9-244　插入宣传广告图片　　　　　　　　图 9-245　#cx 的 CSS 样式代码

10 返回页面设计视图，将名为 cx 的 Div 中提示文字删除，在该 Div 中插入图像 94207.png，效果如图 9-246 所示。在名为 cx 的 Div 之后插入名为 main 的 Div，转换到外部 CSS 样式表文件中，创建名为 #main 的 CSS 样式，如图 9-247 所示。

图 9-246　插入产品促销图片　　　　　　　　图 9-247　#main 的 CSS 样式代码

11 返回页面设计视图，将名为 main 的 Div 中提示文字删除，在该 Div 中插入名为 main-menu1 的 Div，转换到外部 CSS 样式表文件中，创建名为 #main-menu1 的 CSS 样式，如图 9-248 所示。返回页面设计视图，将名为 main-menu1 的 Div 中提示文字删除，在该 Div 中插入多张图片，如图 9-249 所示。

```
#main-menu1 {
    width: 100%;
    height: 85px;
    padding-top: 15px;
    text-align: center;
}
```

图 9-248　#main-menu1 的 CSS 样式代码

图 9-249　插入产品导航按钮图片

12 转换到外部 CSS 样式表文件中，创建名为 #main-menu1 img 的 CSS 样式，如图 9-250 所示。返回页面设计视图，可以看到名为 main-menu1 的 Div 中各图像按钮之间的间距，如图 9-251 所示。

```
#main-menu1 img {
    margin-left: 10px;
    margin-right: 10px;
}
```

图 9-250　#main-menu1 img 的 CSS 样式代码

图 9-251　增加产品导航按钮图片之间的间距

13 在名为 main-menu1 的 Div 之后插入名为 tjsp1 的 Div，转换到外部 CSS 样式表文件中，创建名为 #tjsp1 的 CSS 样式，如图 9-252 所示。返回页面设计视图，将名为 tjsp1 的 Div 中提示文字删除，在该 Div 中插入图像 94217.png，效果如图 9-253 所示。

```
#tjsp1 {
    width: 100%;
    height: 160px;
    background-image: url(../images/94201.jpg);
    background-repeat: repeat-y;
    background-position: center top;
    padding-top: 10px;
    text-align: center;
}
```

图 9-252　#tjsp1 的 CSS 样式代码

图 9-253　插入推荐精油产品图片

14 在名为 tjsp1 的 Div 之后插入名为 jysp 的 Div，转换到外部 CSS 样式表文件中，创建名为 #jysp 的 CSS 样式，如图 9-254 所示。返回页面设计视图，将名为 jysp 的 Div 中提示文字删除，在该 Div 中插入图像 94219.jpg，效果如图 9-255 所示。

```
#jysp {
    width: 100%;
    height: auto;
    overflow: hidden;
    background-image: url(../images/94218.jpg);
    background-repeat: repeat-y;
    background-position: center top;
    text-align: center;
}
```

图 9-254　#jysp 的 CSS 样式代码

图 9-255　插入精油商品图片

> **提示** ▶ 该页面中的产品列表采用了不规则的排版处理方式，并且文字多使用特殊字体和样式效果，所以对产品列表部分整体采用图片在网页中进行表现，再通过在图片中创建热点区域链接，从而在网页中实现为图片中的不同产品创建不同的链接。

15 选中刚插入的精油商品图片，在"属性"面板中单击"多边形热点工具"按钮 ，在图片中第 1 个商品部分分别单击绘制不规则的多边形热点区域，如图 9-256 所示。完成热点区域绘制后，可以在"属性"面板中设置该热点区域的链接，如图 9-257 所示。

16 使用相同的制作方法，可以在该图片中创建其他的多边形热点区域并分别设置不同的链接，如图 9-258 所示。在名为 jysp 的 Div 之后插入名为 main-menu2 的 Div，转换到外部 CSS 样式表文件中，创建名为 #main-menu2 和 #main-menu2 img 的 CSS 样式，如图 9-259 所示。

图 9-256　绘制多边形热点区域　　　　图 9-257　设置热点区域的链接信息

17 返回页面设计视图，将名为 main-menu2 的 Div 中提示文字删除，在该 Div 中插入多张图片，如图 9-260 所示。在名为 main-menu2 的 Div 之后插入名为 zdzb 的 Div，转换到外部 CSS 样式表文件中，创建名为 #zdzb 的 CSS 样式，如图 9-261 所示。

图 9-258　为其他产品创建热点区域　　图 9-259　#main-menu2 的　　图 9-260　插入产品导航按钮图片
　　　　　　　　　　　　　　　　　　　　　CSS 样式代码

18 返回页面设计视图，使用相同的制作方法，可以完成"镇店之宝"栏目中内容的制作，效果如图 9-262 所示。使用相同的制作方法，可以完成该页面中其他栏目内容的制作，效果如图 9-263 所示。

图 9-261　#zdzb 的 CSS 样式代码　　图 9-262　完成"镇店之宝"　　图 9-263　完成页面中其他
　　　　　　　　　　　　　　　　　　　　　栏目内容制作　　　　　　　　　内容的制作

19 完成该化妆品网店页面的制作，在浏览器中预览该页面，效果如图 9-264 所示。

图 9-264　在浏览器中预览页面

9.5　本章小结

　　本章通过多个不同类型案例的设计制作，展示了综合运用 Photoshop 中各种功能进行商品图像设计处理的方法和技巧，并且希望通过本章案例的制作练习，拓展读者在电商设计方面的思路与创意，能够设计出更多出色的作品。